世界《せかい》のサッカーみどころ11《イレブン》

世界《せ・かい》のサッカーがグンと楽しくなる「みどころ」を紹介《しょうかい》しよう。この特集《とくしゅう》を読めば世界のサッカーがまるわかりだ！

みどころ1 4年《ねん》に一度《ど》の祭典《さいてん》 ワールドカップ

世界《せかい》のサッカー界最大《さいだい》のイベントこそW杯《ワールドカップ》。4年に一度《ど》開催《かいさい》され、オリンピックよりもたくさんの人がテレビで見るといわれる夢《ゆめ》の祭典《さいてん》だ。はじめて開かれたのは1930年のウルグアイ大会で、2018年のロシア大会で21回目をむかえる。各国《かっこく》の代表《だいひょう》チームが世界一の栄光《えいこう》をめざして戦《たたか》うW杯は、国の誇《ほこ》りがぶつかりあう世界最高の大舞台《だいぶたい》なのだ！

みどころ2 W杯《ワールドカップ》なんでもナンバーワン

世界一《せかいいち》をかけたW杯《ワールドカップ》の戦《たたか》いからは、とんでもない大記録《だいきろく》がたくさんうまれてきた。そのなかから強豪国《きょうごうこく》がうちたてた、えりすぐりの「ナンバーワン記録《きろく》」を見てみよう。

W杯《ワールドカップ》のナンバーワン記録《きろく》

優勝回数《ゆうしょうかいすう》	5回	ブラジル
出場回数	20回	ブラジル
試合数《しあいすう》	106試合《しあい》	ドイツ
勝利数《しょうりすう》	70勝《しょう》	ブラジル
連続勝利数《れんぞくしょうりすう》	11連勝《れんしょう》	ブラジル
得点数《とくてんすう》	224得点《とくてん》	ドイツ
1試合《しあい》での得点数《とくてんすう》	10得点《とくてん》※	ハンガリー
連続無失点《れんぞくむしってん》（試合《しあい》）	5試合《しあい》	イタリア／スイス
連続無失点《れんぞくむしってん》（時間《じかん》）	559分	スイス

※ 1982年スペイン大会・エルサルバドル戦《せん》。

みどころ 3

長く激《はげ》しい戦《たたか》い W杯《ワールドカップ》への道

W杯《ワールドカップ》に出場するには、約《やく》2年半にわたる長く激《はげ》しい予選《よせん》を勝《か》ちぬかなければならない。

まず、地区《ちく》予選がヨーロッパ、アフリカ、アジア、オセアニア、北《きた》・中央《ちゅうおう》アメリカとカリブ海《かい》、南《みなみ》アメリカという6つの地域《ちいき》にわかれて行われる。この地区予選を勝ちあがると、次《つぎ》に待《ま》っているのが最終《さいしゅう》予選だ。おなじみの強豪国《きょうごうこく》も簡単《かんたん》には勝ちぬけないきびしいリーグ戦《せん》を突破《とっぱ》して、ようやくW杯本大会出場となる。

また、最終予選を突破できなかったチームどうしが出《しゅつ》場権《じょうけん》をかけて戦《たたか》うプレーオフもあり、これがW杯本大会出場のラストチャンスだ。

W杯本大会には32か国が出場。8つのグループにわかれてリーグ戦（グループリーグ）を戦い、各《かく》グループの上位《じょうい》2か国、計16か国が決勝《けっしょう》トーナメントに進出《しんしゅつ》。ここからは負《ま》けたら終わりの一発勝負《いっぱつしょうぶ》で世界一《せかいいち》をかけてあらそうのだ。

W杯《ワールドカップ》優勝《ゆうしょう》への道のり

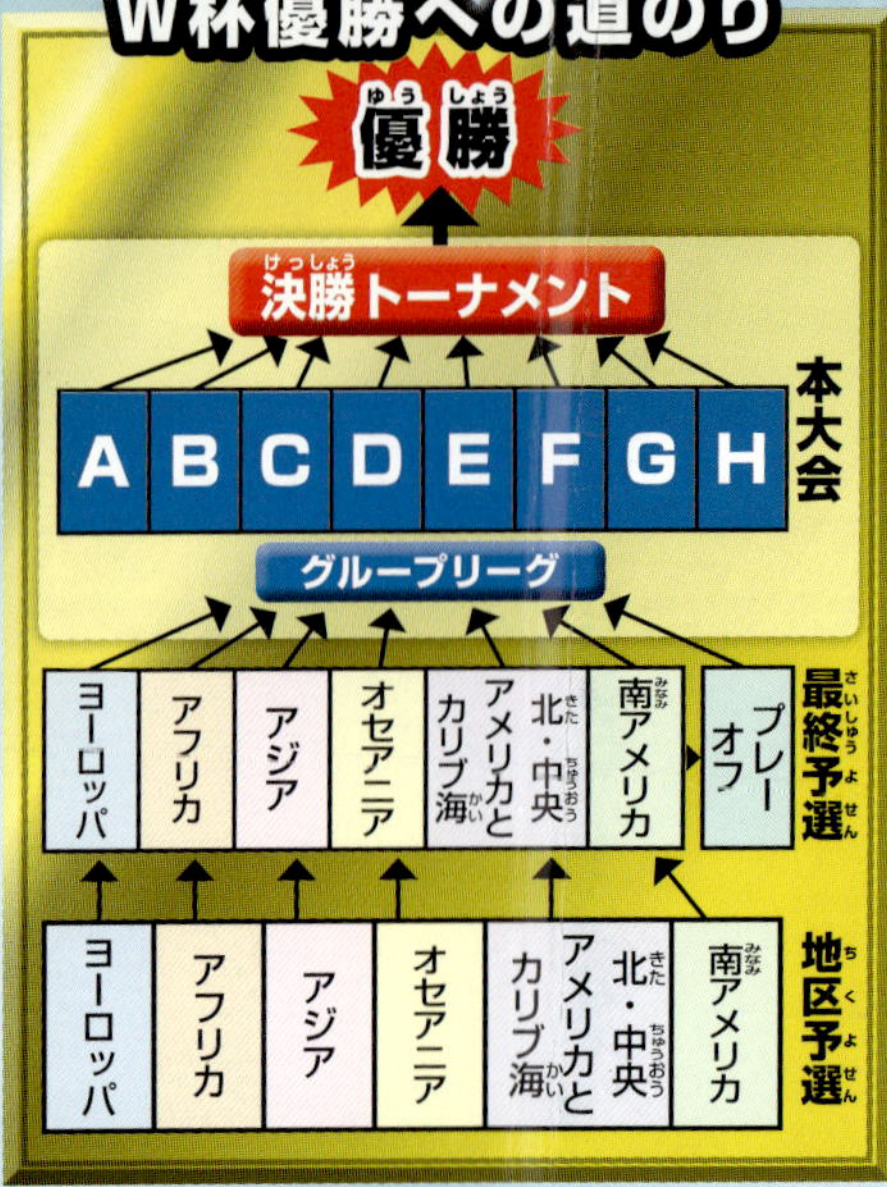

みどころ 4

サッカー界《かい》をリード！ 世《せ》界《かい》の強豪国《きょうごうこく》

世《せ》界《かい》の強豪国《きょうごうこく》のなかでも、とくに注目《ちゅうもく》したい4か国をピックアップ。W杯《ワールドカップ》の主役《しゅやく》をはりつづけてきた4か国の偉業《いぎょう》と横顔《よこがお》とは!?

これぞサッカー大国《たいこく》 ブラジル

優勝《ゆうしょう》回数はW杯《ワールドカップ》史上最多《しじょうさいた》の5回。第《だい》1回《かい》大会からすべての大会に出場しつづけるのはブラジルのみ。〝世界一《せかいいち》のサッカー王国〟だ。

いつでも優勝候補《ゆうしょうこうほ》 ドイツ

優勝《ゆうしょう》回数は歴代《れきだい》2位《い》の4回。ベスト4以上《いじょう》は歴代1位の13回。強い体とあきらめない「ゲルマン魂《だましい》」で、つねに優勝をねらっている。

守《まも》って勝《か》つ！ イタリア

初優勝《はつゆうしょう》は第《だい》2回《かい》大会という伝統《でんとう》国《こく》。世界一《せかいいち》のかたい守《まも》りで4回の優勝を誇《ほこ》る。点を取《と》りにいくときのカウンター攻撃《こうげき》もあざやか。

南《みなみ》アメリカの熱《あつ》き強豪《きょうごう》 アルゼンチン

歴代《れきだい》4位《い》タイの優勝《ゆうしょう》2回を誇《ほこ》る南《みなみ》アメリカの雄《ゆう》。攻撃的《こうげきてき》なスタイルと巧《たく》みなパス回しを武器《ぶき》に、つねに世界《せかい》の強豪《きょうごう》と激闘《げきとう》を演《えん》じてきた。

みどころ 5

新《ニュー》スター見参《けんざん》！ W杯《ワールドカップ》ヒーローズ

W杯《ワールドカップ》はニューヒーローが登場《とうじょう》する舞台《ぶたい》。古くは1958年、「王様《おうさま》」ペレ（ブラジル）が17歳《さい》で6得点《とくてん》の衝撃《しょうげき》デビュー。2010年にはトーマス・ミュラー（ドイツ）が20歳で、2014年はハメス・ロドリゲス（コロンビア）が22歳で得点王になった。次《つぎ》なるニューヒーローはだれだ!?

みどころ 6

世界《せかい》のサッカーリーグ最強《さいきょう》クラブそろいぶみ

世界各国《せかいかっこく》には国内リーグがあり、多くのクラブが優勝《ゆうしょう》をめざして戦《たたか》っている。そのなかから世界的《せかいてき》に有名《ゆうめい》な強豪《きょうごう》クラブを紹介《しょうかい》しよう。

マンチェスター・ユナイテッド（プレミアリーグ／イングランド）

1878年に設立《せつりつ》されたイングランドきっての名門で、優勝《ゆうしょう》回数はリーグ最多《さいた》の13回。世界一《せかいいち》ファンの多いクラブともいわれる。特《とく》別《べつ》なスターが背負《せお》う「栄光《えいこう》の7番」は、伝統《でんとう》の背番号《せばんごう》として有名。

バイエルン・ミュンヘン（ブンデスリーガ／ドイツ）

設立《せつりつ》は1900年。リーグ優勝《ゆうしょう》26回、ドイツのクラブでは最多《さいた》のチャンピオンズリーグ優勝5回を誇《ほこ》る。「皇帝《こうてい》」ベッケンバウアーなど、強豪《きょうごう》ドイツを築《きず》きあげたヒーローが数多く所属《しょぞく》してきた。

レアル・マドリード（リーガ・エスパニョーラ／スペイン）

1902年に前身《ぜんしん》のクラブが設《せつ》立《りつ》。リーグ優勝《ゆうしょう》33回、チャンピオンズリーグ優勝12回を数える世界《せかい》最強《さいきょう》ビッグクラブのひとつ。世界のスター選手《せんしゅ》が集《つど》うことから「銀《ぎん》河系軍団《がけいぐんだん》」とよばれた時代《じだい》もある。

パリ・サンジェルマン（リーグ・アン／フランス）

1970年にふたつのクラブが合体して誕生《たんじょう》。ネイマールなどのスター選手《せんしゅ》が集《つど》い、強豪《きょうごう》クラブの仲間入《なかまい》りをはたす。ヨーロッパでは「世界四大《せかいよんだい》リーグ」に次《つ》ぐ実力《じつりょく》といわれるリーグ・アンのなかで、強烈《きょうれつ》な存在感《そんざいかん》を放《はな》っている。

ユベントス（セリエA《アー》／イタリア）

1897年設立《せつりつ》。セリエA《アー》最多《さいた》の優勝《ゆうしょう》33回を誇《ほこ》り、2016-2017シーズンで驚異《きょうい》のリーグ6連覇《れんぱ》を達成《たっせい》。ほかのクラブを引きはなし〝ひとり勝《が》ち〟の独走態勢《どくそうたいせい》を築《きず》いている。

ボカ・ジュニアーズ（プリメーラ・ディビシオン／アルゼンチン）

1905年設立《せつりつ》、リーグ優勝《ゆうしょう》32回。クラブ世界一決定戦《せかいいちけっていせん》のインターコンチネンタルカップ※1で三度《ど》の優勝を誇《ほこ》り、日本にもファンが多い。

※1 1960年から2004年まで行われていた大会。ヨーロッパと南《みなみ》アメリカのチャンピオンクラブがクラブ世界一《せかいいち》をかけて戦《たたか》った。

みどころ 7

ライバル対決《たいけつ》ダービーマッチ！

同地区《どうちく》のクラブどうしによる因縁《いんねん》の対決《たいけつ》が「ダービーマッチ」※2。ファンもまきこんでヒートアップする正真正銘《しょうしんしょうめい》の〝負《ま》けられない戦《たたか》い〟だ。

世界《せかい》のダービーマッチ

エル・クラシコ（スペイン）

レアル・マドリード vs.《ブイエス》 バルセロナ

リーガ・エスパニョーラをリードするレアルとバルサによる伝統《でんとう》の戦《たたか》い。

ノースウエスト・ダービー（イングランド）

マンチェスター・ユナイテッド vs.《ブイエス》リバプール

プレミアリーグきってのビッグクラブにしてライバルどうしの対決《たいけつ》。

※2 世界《せかい》のダービーマッチは、140ページのコラム「トップリーグのライバルたち」でも、くわしく紹介《しょうかい》しているぞ！

みどころ 8

ヨーロッパ最強《さいきょう》クラブ決定戦《けっていせん》 UEFA《ウエファ》チャンピオンズリーグ

1955年にはじまったヨーロッパ最大《さいだい》の大会がUEFA《ウエファ》チャンピオンズリーグ。毎《まい》シーズン、約《やく》10か月にわたり、各国《かっこく》リーグの上位《じょうい》クラブが〝ヨーロッパ最強〟の座《ざ》をかけて戦《たたか》う。スター選手《せんしゅ》がせいぞろいする大会だけに人気はW《ワールド》杯《カップ》に匹敵《ひってき》。決勝《けっしょう》は1億人《おくにん》以上《いじょう》がテレビ観戦《かんせん》するともいわれている。

本大会に参加《さんか》できるのは32チーム。UEFAランキング※1 1位から12位までの国のリーグ上位21チームは優先的《ゆうせんてき》に本大会出場決定。ほかに予選《よせん》を勝《か》ちぬいた10チームと、前大会の優勝チームが集《つど》う。

本大会では、まず32チームによるグループリーグが行われ、半分の計16チームが決勝トーナメントに出場。準決勝《じゅんけっしょう》までの各対戦《たいせん》はホーム・アンド・アウェー※2形式《けいしき》で戦い、決勝は〝一発勝負《いっぱつしょうぶ》〟の1試合で決《けっ》着《ちゃく》をつける。

ここ4大会はレアル・マドリードとバルセロナのいずれかが優勝と、スペイン勢《ぜい》が圧倒《あっとう》している。

チャンピオンズリーグ優勝《ゆうしょう》への道のり

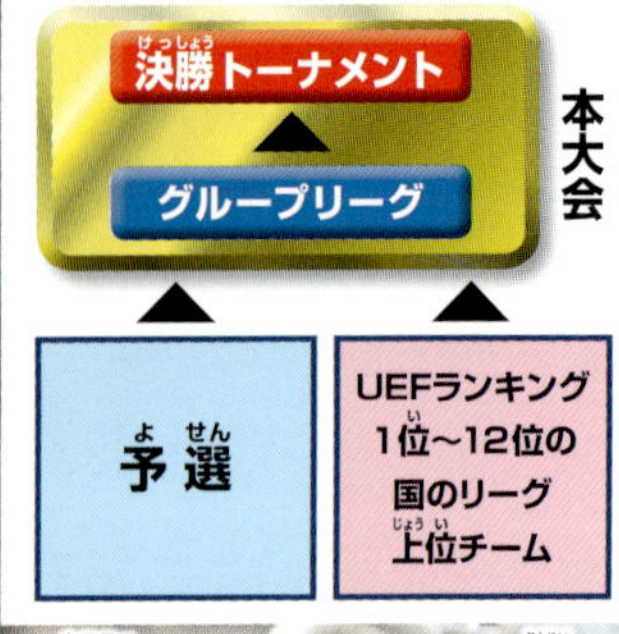

※1 UEFA《ウエファ》ランキング…UEFA（ヨーロッパサッカー連盟《れんめい》）が定めるヨーロッパ各国《かっこく》の強さをしめすランキング。

※2 ホーム・アンド・アウェー…戦《たたか》う2チームがおたがいのホームで1試合《しあい》ずつ、計2試合を行い、最終的《さいしゅうてき》な合計得点《とくてん》で勝敗《しょうはい》を決《き》める方式《ほうしき》。

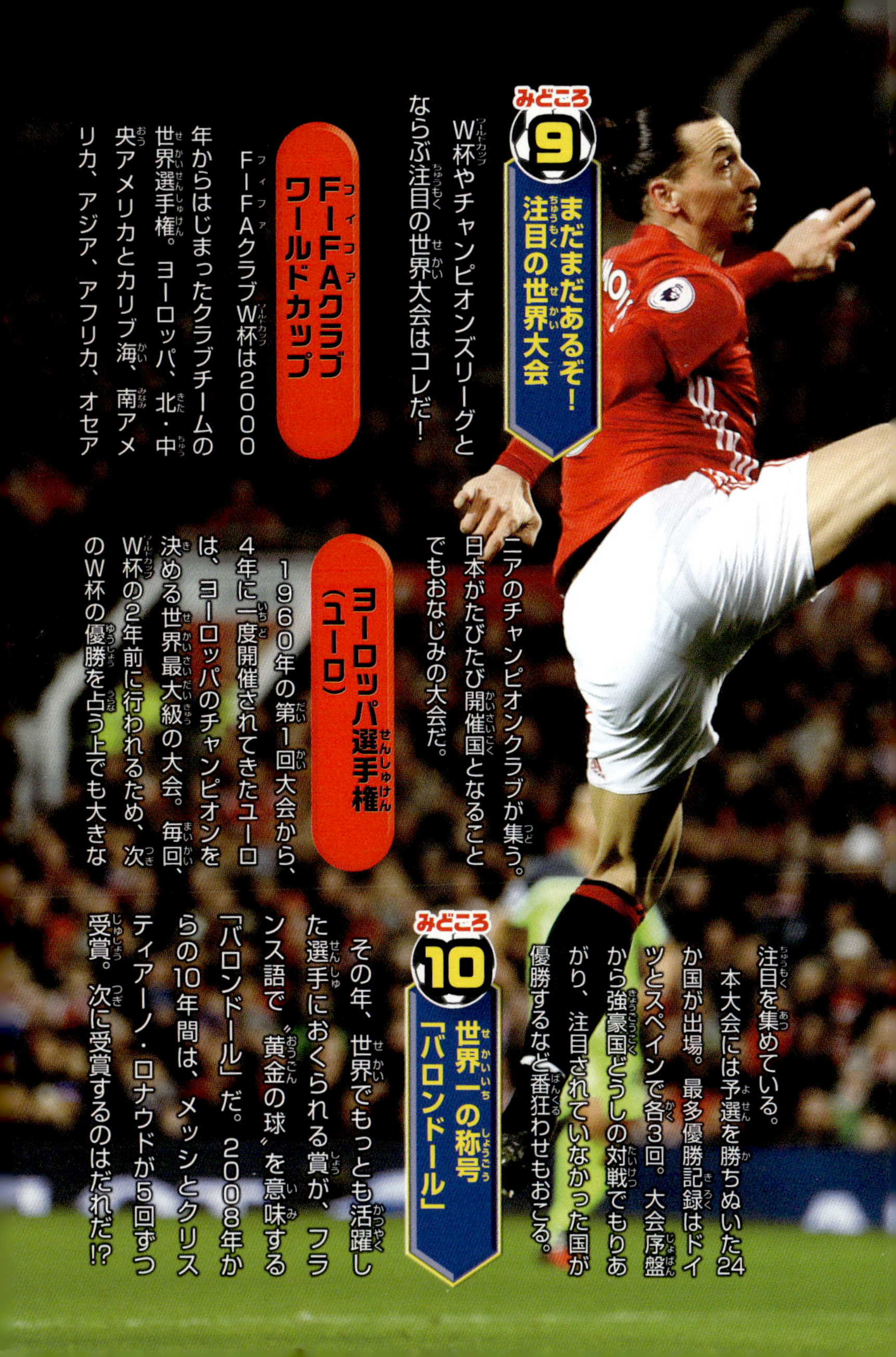

みどころ 9 まだまだあるぞ！ 注目《ちゅうもく》の世界《せかい》大会

W杯《ワールドカップ》やチャンピオンズリーグとならぶ注目《ちゅうもく》の世界《せかい》大会はコレだ！

FIFA《フィファ》クラブワールドカップ

FIFA《フィファ》クラブW杯《ワールドカップ》は2000年からはじまったクラブチームの世界選手権《せかいせんしゅけん》。ヨーロッパ、北《きた》・中《ちゅう》央《おう》アメリカとカリブ海《かい》、南《みなみ》アメリカ、アジア、アフリカ、オセアニアのチャンピオンクラブが集《つど》う。日本がたびたび開催国《かいさいこく》となることでもおなじみの大会だ。

ヨーロッパ選手権《せんしゅけん》（ユーロ）

1960年の第《だい》1回《かい》大会から、4年に一度《いちど》開催されてきたユーロは、ヨーロッパのチャンピオンを決《き》める世界最大級《せかいさいだいきゅう》の大会。毎回《まいかい》、W杯《ワールドカップ》の2年前に行われるため、次《つぎ》のW杯の優勝《ゆうしょう》を占《うらな》う上でも大きな注目《ちゅうもく》を集《あつ》めている。

本大会には予選《よせん》を勝《か》ちぬいた24か国が出場。最多優勝記録《きろく》はドイツとスペインで各《かく》3回。大会序盤《じょばん》から強豪国《きょうごうこく》どうしの対戦《たいけつ》でもりあがり、注目されていなかった国が優勝するなど番狂《ばんくる》わせもおこる。

みどころ 10 世界一《せかいいち》の称号《しょうごう》「バロンドール」

その年、世界《せかい》でもっとも活躍《かつやく》した選手《せんしゅ》におくられる賞《しょう》が、フランス語で〝黄金《おうごん》の球〟を意味《いみ》する「バロンドール」だ。2008年からの10年間は、メッシとクリスティアーノ・ロナウドが5回ずつ受賞《じゅしょう》。次《つぎ》に受賞するのはだれだ!?

みどころ 11

限界《げんかい》に挑《いど》みつづけるヒーローたちの大《だい》記録《きろく》

信《しん》じられない活躍《かつやく》でチームを勝利《しょうり》にみちびくヒーローたち。彼《かれ》らの数だけすごい記録《きろく》がある。だが、その大記録も、いずれぬりかえられる日がくるかもしれない。サッカー史《し》にさんぜんとかがやく大記録を次《つぎ》にぬりかえるのはだれだ!?

サッカー界《かい》の大記録《だいきろく》

公式戦最多得点《こうしきせんさいたとくてん》	ペレ（ブラジル）	1281得点《とくてん》
公式戦《こうしきせん》年間最多得点《さいたとくてん》	リオネル・メッシ（アルゼンチン）	91 得点《とくてん》
W杯最年少得点《ワールドカップさいねんしょうとくてん》	ペレ（ブラジル）	17 歳《さい》
W杯最年長得点《ワールドカップさいねんちょうとくてん》	ロジェ・ミラ（カメルーン）	42 歳《さい》
連続試合得点《れんぞくしあいとくてん》	リオネル・メッシ	21 試合《しあい》
チャンピオンズリーグ最多《さいた》通算得点《とくてん》	クリスティアーノ・ロナウド	107 得点《とくてん》
バロンドール受賞回数《じゅしょうかいすう》	リオネル・メッシ／クリスティアーノ・ロナウド	5 回

そして、もっとも注目《ちゅうもく》すべき
世界《せかい》のサッカーヒーローたちの活躍《かつやく》はここから！

これマジ？ひみつの超百科
豪《ごう》快《かい》！最《さい》強《きょう》！
サッカーヒーロー
超百科
世《せ》界《かい》編《へん》
オグマナオト＆
サッカーヒーロー研究会・編

これマジ？ひみつの超百科

豪快《ごうかい》！最強《さいきょう》！

サッカーヒーロー 世界編 超百科

もくじ

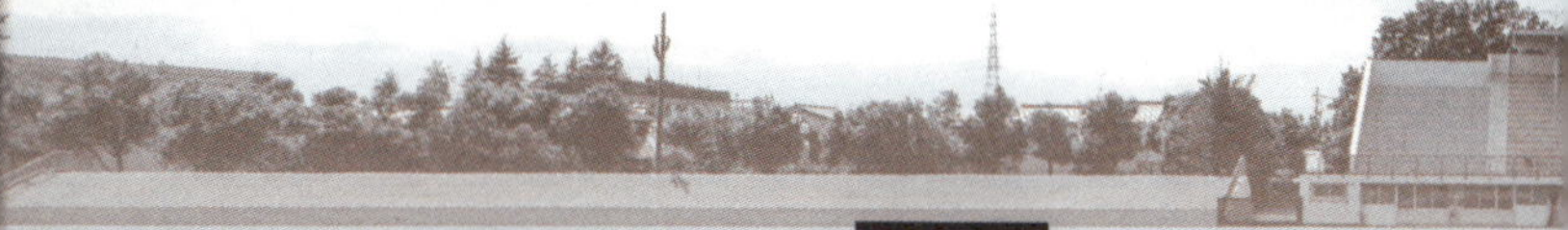

第三章 ～チームを、誇《ほこ》りを、守《まも》りぬく～ ディフェンダー／ゴールキーパー編《へん》

ワールドサッカーストーリーズ

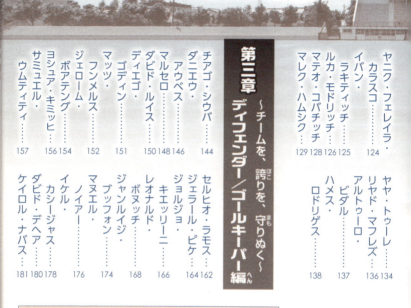

はじめに

ネイマール、メッシ、クリスティアーノ・ロナウド……世界《せかい》には、超人的《ちょうじんてき》なスーパープレーで見る者《もの》を熱狂《ねっきょう》させるサッカーヒーローがたくさんいる。また、「王様《おうさま》」ペレ、「神《かみ》の子」マラドーナのように、世界のサッカーを進化《しんか》させ、歴史《れきし》に名をきざんだレジェンドたちもいる。

この本に登場《とうじょう》するのは感動《かんどう》とおどろきをあたえてくれるヒーローばかり。その栄光《えいこう》の物語《ものがたり》を楽しんでほしい。そして、彼《かれ》らを知れば、ワールドカップのことも、世界の強豪《きょうごう》リーグやクラブのこともまるわかりだ。さあ、キックオフ。試合開始《しあいかいし》だ!

この本の読み方

選手《せんしゅ》の紹介《しょうかい》

その選手《せんしゅ》のプレーのもち味《あじ》や、強さの秘密《ひみつ》がわかるエピソードを、記事《きじ》や一コマイラストで紹介《しょうかい》している。

選手《せんしゅ》の名前

その選手《せんしゅ》の登録名《とうろくめい》。本名ではない選手もいる。

選手《せんしゅ》の主《おも》な所属《しょぞく》チームと受賞歴《じゅしょうれき》

その選手《せんしゅ》が所属《しょぞく》した主《おも》なチームと、受賞《じゅしょう》した賞を紹介《しょうかい》している。

W杯《ワールドカップ》出場経験《けいけん》

その選手《せんしゅ》がW杯本選《ワールドカップほんせん》に出場したことがある場合は、開催年《かいさいねん》をしるしたトロフィーでしめしてある。

選手《せんしゅ》のデータ

その選手《せんしゅ》の国籍《こくせき》や生年月日、身長《しんちょう》・体重《たいじゅう》にくわえ、発揮《はっき》する能力《のうりょく》を５段《だん》階《かい》でしめしてある。５をこえる能力の場合は、その能力名に がついている。

ヒーロー伝説《でんせつ》延長戦《えんちょうせん》

「選手《せんしゅ》の紹介《しょうかい》」では書ききれなかった、その選手のエピソードや情報《じょうほう》を紹介《しょうかい》している。

ヒーローの証《あかし》

その選手《せんしゅ》が達成《たっせい》した記録《きろく》や、注目《ちゅうもく》すべき特長《とくちょう》を紹介《しょうかい》している。

本書で紹介《しょうかい》している、選手《せんしゅ》が達成《たっせい》した記録《きろく》などのデータは、2018年１月時点でのものです。

第一章 ～すべてはゴールのために～

フォワード編《へん》

パリ・サンジェルマン

1 ネイマール

ますますかがやく ブラジルの至宝《しほう》

ヒーローの証《あかし》

- 19歳《さい》の若《わか》さで南米《なんべい》年間最優秀選手賞《さいゆうしゅうせんしゅしょう》を受賞《じゅしょう》
- ブラジル代表《だいひょう》史《し》上最年少《じょうさいねんしょう》キャプテン
- 地元開催《かいさい》のオリンピックで金メダルを獲得《かくとく》

国《こく》　籍《せき》

ブラジル

生年月日

1992年2月5日

身長《しんちょう》・体重《たいじゅう》

175センチ・68キロ

能力《のうりょく》パラメータ

主《おも》な所属《しょぞく》チームと受賞歴《じゅしょうれき》	**チーム** サントス（ブラジル）→バルセロナ（スペイン）→パリ・サンジェルマン（フランス） **受賞** 南米《なんべい》年間MVP《エムブイピー》（2011年、2012年）、チャンピオンズリーグ得点王《とくてんおう》（2015年）、世界《せかい》ベストイレブン（2015年、2017年）、FIFA《フィファ》プスカシュ賞《しょう》（2011年）

移籍金《いせききん》は２９０億円《おくえん》！〝黄金《おうごん》の足〟をもつ男

あるクラブがほかのクラブの選手《せんしゅ》を獲得《かくとく》する場合、前の所属《しょぞく》クラブに「移籍金《いせききん》」というお金を払《はら》うのが一《いっ》般的《ぱんてき》だ。当然《とうぜん》、どのクラブもほしがる選手ほど金額《きんがく》は高い。この移籍金で史上最高額《しじょうさいこうがく》を記録《きろく》した選手こそ、「ブラジルの至宝《しほう》」とよばれるネイマールだ。

ブラジルの名門、サントスでプロデビューすると、わずか19歳《さい》で南米《なんべい》年間最優秀選手賞《さいゆうしゅうせんしゅしょう》を受賞《じゅしょう》。その後、世界的《せかいてき》名門クラブのバルセロナでも成長《せいちょう》をとげた。また、ブラジル代表《だいひょう》には18歳からえらばれ、２０１４年には代表史上最年少の22歳でキャプテンに。２０１６年、地元開催《かいさい》のリオオリンピックではブラジルに金メダルをもたらしている。その〝黄金の足〟をもとめ、フランスのパリ・サンジェルマンが用意《ようい》した移籍金が２９０億円《おくえん》！　その価値《かち》はまだまだ高くなるといわれている。

伝説《でんせつ》リプレイ

それまでの移籍金《いせききん》の最高記録《さいこうきろく》は137億円《おくえん》。パリ・サンジェルマンへの移籍金が、いかにすごかったかがわかる。

ヒーロー伝説《でんせつ》延長戦《えんちょうせん》

12歳《さい》にしてレアル・マドリードが獲得《かくとく》に動《うご》くなど、幼《おさな》いころから世界中《せかいじゅう》が注目《ちゅうもく》したドリブルスター。サントスは彼《かれ》をむかえいれるため、ユースチームの組織改革《そしきかいかく》をしたほど。つねにまわりにあたえる影響《えいきょう》が大きい選手《せんしゅ》だ。

マンチェスター・シティ

超常現象《ちょうじょうげんしょう》をよぶ!?
ブラジルの新怪物《しんかいぶつ》

2 ガブリエル・ジェズス

国《こく》籍《せき》

ブラジル

生年月日

1997年4月3日

身長《しんちょう》・体重《たいじゅう》

175センチ・73キロ

能力《のうりょく》パラメータ

ヒーローの証《あかし》

- W杯《ワールドカップ》大陸別《たいりくべつ》予選《よせん》でチーム最多《さいた》の７得点《とくてん》
- 日本代表《だいひょう》のハリルホジッチ監督《かんとく》が「世界《せかい》で一番うまいアタッカー」と絶賛《ぜっさん》

主《おも》な所属《しょぞく》チームと受賞歴《じゅしょうれき》

チーム パルメイラス（ブラジル）→マンチェスター・シティ（イングランド）

天使《てんし》と神《かみ》の名をもつ悪魔的《あくまてき》プレーヤー

かつて世界最高《せかいさいこう》のストライカーとよばれ、「怪物《かいぶつ》」とおそれられたブラジル代表《だいひょう》FW《フォワード》ロナウド※。その怪物の再来《さいらい》とよばれているのがガブリエル・ジェズスだ。圧倒的《あっとうてき》なスピードと得点力《とくてんりょく》を武器《ぶき》に、リオオリンピックではブラジルに金メダルをもたらし、ロシアW杯《ワールドカップ》出場をかけた大陸《たいりく》予《よ》選《せん》では、20歳《さい》の若《わか》さでチーム最多《さいた》7ゴールと大活躍《だいかつやく》した。

そのすごさの秘密《ひみつ》は名前にもかくされている。「ガブリエル」はキリスト教三大天使《てんし》のひとりの名で、「ジェズス」はイエス、つまりキリストのこと。地元ブラジルでは「天使と神《かみ》の名をもちながら、悪魔《あくま》のようなプレーをする」と評判《ひょうばん》だ。また、ジェズスの愛称《あいしょう》「フェノメノ」は「怪物」を意味するポルトガル語だが、ほかに〝超常現象《ちょうじょうげんしょう》〟という意味《いみ》もある。あふれる才能《さいのう》がピッチでおこす超常現象を見のがすな！

伝説《でんせつ》リプレイ

ジェズスはアルファベットで「JESUS」と書く。英語《えいご》ではジーザスと読み、神《かみ》を意味《いみ》する言葉《ことば》なのだ。

ヒーロー伝説《でんせつ》延長戦《えんちょうせん》

ジェズスのクラブでの背番号《せばんごう》は、スター選手《せんしゅ》としてはめずらしい「33」番。この番号は、イエス・キリストが亡《な》くなった年齢《ねんれい》、とされる数字。キリスト教徒《きょうと》のジェズスは、神《かみ》に忠誠《ちゅうせい》を誓《ちか》う意味《いみ》でもこの数字を背番号にしたという。

※ロナウド…ブラジル代表《だいひょう》で通算62得点《とくてん》を記録《きろく》したサッカー界《かい》のスーパースター。

上海上港《シャンハイシャンガン》

3

フッキ

漫画《まんが》のようなパワーをもつ
ブラジルの超人《ちょうじん》

2014

国籍《こく　せき》

ブラジル

生年月日

1986年7月25日

身長《しんちょう》・体重《たいじゅう》

180センチ・85キロ

能力《のうりょく》パラメータ

ヒーローの証《あかし》

- J2《ジェイツー》・ポルトガルリーグ・ロシアリーグで得点王《とくてんおう》と、所属《しょぞく》したリーグでつねに大活躍《だいかつやく》
- J2《ジェイツー》のシーズン歴代《れきだい》最《さい》多《た》得点《とくてん》記《き》録《ろく》をもつ男

主《おも》な所属《しょぞく》チームと受賞歴《じゅしょうれき》	**チーム** ビトーリア（ブラジル）→川崎《かわさき》フロンターレ→コンサドーレ札幌《さっぽろ》→東京《とうきょう》ヴェルディ→ポルト（ポルトガル）→ゼニト・サンクトペテルブルク（ロシア）→上海上港《シャンハイシャンガン》（中国《ちゅうごく》） **受賞** ポルトガル年間MVP《エムブイピー》（2011年、2012年）、ポルトガルリーグ得点王《とくてんおう》（2011年）、ロシアリーグ得点王（2015年）

〝J《ジェイ》〟経由《けいゆ》ブラジル代表《だいひょう》行き 日本がそだてた超人《ちょうじん》フッキ

ブラジルでの若手《わかて》時代《じだい》は中盤《ちゅうばん》でのプレーが多かったフッキ。ストライカーの才能《さいのう》をのばしたきっかけは、3年半すごした日本での活躍《かつやく》だった。2005年、18歳《さい》で来日し、川《かわ》崎《さき》フロンターレに入団《にゅうだん》。その後、コンサドーレ札幌《さっぽろ》や東京《とうきょう》ヴェルディでもプレーし、2007年にはJ2《ジェイツー》歴《れき》代《だい》最《さい》多《た》タイの37ゴールを記録《きろく》した。

その得点力《とくてんりょく》がみとめられ、活躍の場をヨーロッパにうつすと、一気に世界的《せかいてき》ストライカーの仲間《なかま》入り。ブラジル代表《だいひょう》でも長い期間《きかん》活躍をつづけている。

ちなみに「フッキ」は本名ではない。小さいころに愛読《あいどく》した人気漫画《まんが》『超人《ちょうじん》ハルク』※の主人公《しゅじんこう》、ハルク（HULK）のブラジルでの発音《はつおん》からとった愛称《あいしょう》だ。そんな彼《かれ》の得点力の源《みなもと》ともいえる圧倒的《あっとうてき》な身体能力《しんたいのうりょく》は、まさに超人そのもの。30歳をこえても、その超人ぶりは健在《けんざい》だ。

伝説《でんせつ》リプレイ

筋肉《きんにく》もりもりなのに、ウエートトレーニングはしていないというフッキ。肉屋《にくや》をいとなむ実家《じっか》に秘密《ひみつ》が!?

ヒーロー伝説《でんせつ》延長戦《えんちょうせん》

いまも日本が大好《だいす》きなフッキ。2011年の東日本大震災《ひがしにほんだいしんさい》直後にゴールを決《き》めると、ユニフォームをぬぎ、「ぼくらはみんなといっしょにいる。ともに戦《たたか》おう」と書かれたアンダーシャツをテレビカメラにむけ、被災地《ひさいち》へエールをおくった。

※『超人《ちょうじん》ハルク』…映画化《えいがか》もされた、圧倒的《あっとうてき》なパワーをもつ超人の物語《ものがたり》。

W杯《ワールドカップ》最多《さいた》優勝国《ゆうしょうこく》

ブラジルのサッカー

だれもがみとめる“世界一《せかいいち》のサッカー王国”ブラジル。だが、そんな王者《おうじゃ》も、ずっと強かったわけではない。ある悲劇《ひげき》をのりこえ、自由《じゆう》に飛《と》べる翼《つばさ》を手に入れたのだ。

ボールを抱《だ》いてうまれる!?

世界一《せかいいち》のサッカー王国

南《みなみ》アメリカ大陸最大《たいりくさいだい》にして、半分近い面積《めんせき》をしめるブラジル。ポルトガルの植民地《しょくみんち》だったこの国では、むかしからコーヒー豆《まめ》やサトウキビなどの農業《のうぎょう》がさかんで、地下資源《しげん》も豊《ほう》富《ふ》。仕事《しごと》や資源をもとめる人びとが世界中《せかいじゅう》からおしよせ、さまざまな人《じん》種《しゅ》が共存《きょうぞん》する国となった。現在《げんざい》、人口は世界5位《い》の約《やく》2億人《おくにん》。60もの人種がくらしている。そんな国で、どの人種にも共通の話題《わだい》として親しまれたのがサッカーだった。

その人気ぶりは、「ブラジルの赤《あか》ん坊《ぼう》はサッカーボールを抱《だ》いてうま

れてくる」という格言《かくげん》ができるほど。W杯《ワールドカップ》で代表戦《だいひょうせん》がある日は、仕事や学校が休みになるのは当たり前。これまでにW杯最多5回の優勝《ゆうしょう》をかさね、世界中のプロリーグで多くのブラジル出身選手《しゅっしんせんしゅ》が活躍《かつやく》する、「世界一のサッカー王国」とよばれている。

W杯《ワールドカップ》「マラカナンの悲劇《ひげき》」でうまれかわったカナリア軍団《ぐんだん》

だが、そんなブラジルもむかしから強かったわけではない。きっかけは1950年、ブラジルで開催《かいさい》されたW杯《ワールドカップ》でおきた「マラカナンの悲劇《ひげき》」。地元開催の大会で初優勝《はつゆうしょう》をめざし、決勝戦《けっしょうせん》に進《すす》みながら、まさかの逆転《ぎゃくてん》負《ま》けをしてしまったブラジル。超巨《ちょうきょ》大《だい》スタジアム「マラカナン競技場《きょうぎじょう》」には、優勝の瞬間《しゅんかん》を見とどけようと18万人以上《いじょう》の観客《かんきゃく》がつめかけていたが、試合後《しあいご》はあまりのショックで静《しず》まりかえり、ブラジル国内では自殺《じさつ》者《しゃ》や暴動《ぼうどう》などで4人が死亡《しぼう》してしまう、悲《かな》しすぎる騒《さわ》ぎとなった。

　この悲劇の記憶《きおく》をぬぐいさるため、代表《だいひょう》チームのよび名をポルトガル語で〝えらばれた人たち〟を意味《いみ》する「セレソン」に変更《へんこう》。代表ユニフォームの色も、それまでの白から、国旗《こっき》にも使われている黄色《きいろ》に切りかえた。やがて、ピッチを自由《じゆう》に動《うご》きまわる姿《すがた》とユニフォームの色から、世界《せかい》からは「カナリア軍団《ぐんだん》」とよばれ、おそれられるようになったのだ。

W杯《ワールドカップ》での戦績《せんせき》

過去《かこ》10大会《たいかい》

1978年	アルゼンチン大会	3　位《い》
1982年	スペイン大会	2次《じ》リーグ敗退《はいたい》
1986年	メキシコ大会	ベスト8
1990年	イタリア大会	ベスト16
1994年	アメリカ大会	優《ゆう》　勝《しょう》
1998年	フランス大会	準《じゅん》優《ゆう》勝《しょう》
2002年	日本・韓国《かんこく》大会	優《ゆう》　勝《しょう》
2006年	ドイツ大会	ベスト8
2010年	南《みなみ》アフリカ大会	ベスト8
2014年	ブラジル大会	4　位《い》

歴代通算《れきだいつうさん》

本戦出場	20回	優勝	5回	準優勝	2回

最近《さいきん》の基本《きほん》フォーメーション

〔4-3-3〕

以前《いぜん》は「4-4-2」が多く、最近《さいきん》は「4-1-4-1」も。サイドバックのオーバーラップも注目《ちゅうもく》だ。

「サッカーの王様《おうさま》」の登場《とうじょう》と芸術《げいじゅつ》サッカーのむずかしさ

「マラカナンの悲劇《ひげき》」から8年後の1958年、スウェーデンW杯《ワールドカップ》。カナリア軍団《ぐんだん》に舞《ま》いおりた17歳《さい》の青年が世界《せかい》に衝撃《しょうげき》をあたえた。のちに「王様《おうさま》」とよばれるペレが、この大会で6ゴールを決《き》め、ブラジルにW杯初優勝《はつゆうしょう》をもたらしたのだ。ペレは引退《いんたい》までにW杯に4回出場して、そのうち3回で優勝した。

名実《めいじつ》ともに「世界一のサッカー大国」となったブラジル。ただそのせいで、ブラジル国内では「ただ勝《か》つだけではダメだ。華麗《かれい》にパスをつないで勝つ『芸術《げいじゅつ》サッカー』こそがブ

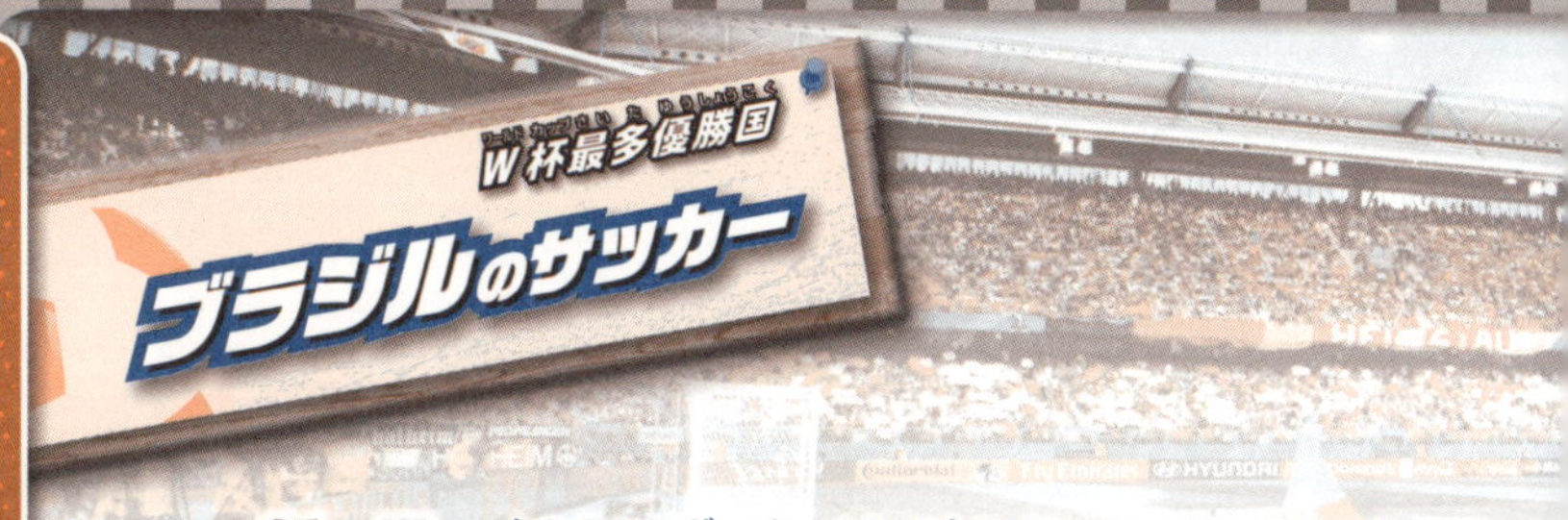

W《ワールド》杯《カップ》最《さい》多《た》優《ゆう》勝《しょう》国《こく》

ブラジルのサッカー

ラジルのサッカーだ」という声が大きくなった。1982年のスペインW杯では、その期待《きたい》にこたえるように、「神様《かみさま》」とよばれたジーコをはじめ、世界最高《さいこう》のMF《ミッドフィルダー》が集結《しゅうけつ》。「黄金《おうごん》のカルテット（4人組）」とよばれる攻撃的《こうげきてき》なサッカーで、ブラジル人だけでなく、世界中のサッカーファンを夢中《むちゅう》にさせたが、優勝にはとどかず。結果的《けっかてき》に、ペレが引退してから20年以上《いじょう》、ブラジルはまた世界の舞《ぶ》台《たい》で勝てない時代《じだい》をすごしてしまう。

世界一《せかいいち》を受《う》けつぐ怪物《かいぶつ》たちと新世代《しんせだい》スター、ネイマール

ブラジルがふたたび世界一《せかいいち》の座《ざ》にかえりざいたのは、1994年のアメリカW杯《ワールドカップ》。芸術性《げいじゅつせい》よりもかたい守《しゅ》備《び》を心がけ、攻撃《こうげき》は世界的《せかいてき》なストライカー、ロマーリオなど一部《いちぶ》の選手《せんしゅ》にまかせるサッカーで優勝《ゆうしょう》。また、2002年の日韓《にっかん》W杯でも、当時の世界最強《さいきょう》FW《フォワード》、ロナウドの大会得点《とくてん》王《おう》（8得点）の活躍《かつやく》で優勝した。

もっとも、FW《フォワード》の得点力だけで勝つスタイルでは納得《なっとく》できないのがブラジル国民《こくみん》。そんなきびしい要求《ようきゅう》と期待《きたい》にこたえようとしているのが、現在《げんざい》の代表《だいひょう》10番、ネイマールだ。芸術的なテクニックにくわえて、たしかな得点力ももつ新時代のスーパースターをチームの中心におき、「美《うつく》しくて強い組織的《そしきてき》なサッカー」で、6回目のW杯優勝をめざしている。

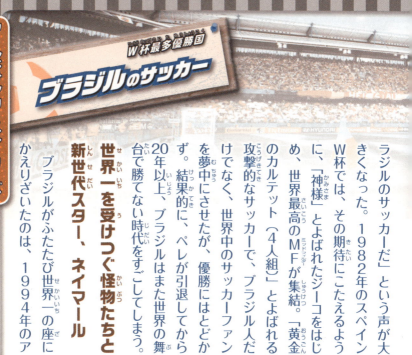

バイエルン・ミュンヘン

4 トーマス・ミュラー

W杯《ワールドカップ》で決《き》めまくる ドイツ代表《だいひょう》の得点源《とくてんげん》

国《こく》 籍《せき》
ドイツ

生年月日
1989年9年13日

身長《しんちょう》・体重《たいじゅう》
186センチ・75キロ

能力《のうりょく》パラメータ

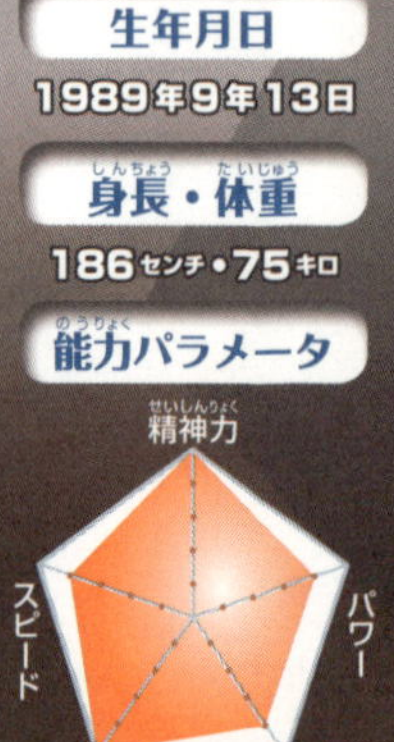

ヒーローの証《あかし》

- 2010年W杯《ワールドカップ》では史上最年少《しじょうさいねんしょう》の20歳《さい》で得点王《とくてんおう》に
- 2014年W杯《ワールドカップ》では大会ベストイレブンの活《かつ》躍《やく》でドイツに24年ぶりの優勝《ゆうしょう》をもたらす

主《おも》な所属《しょぞく》チームと受賞歴《じゅしょうれき》	
チーム	バイエルン・ミュンヘン（ドイツ）
受賞	W杯《ワールドカップ》得点王《とくてんおう》（2010年）、W杯ベストイレブン（2014年）、W杯最優秀《さいゆうしゅう》若手《わかて》選手賞《せんしゅしょう》（2010年）

伝説《でんせつ》の名を受《う》けつぐ、ドイツ代表《だいひょう》二代《だい》目《め》爆撃機《ばくげきき》

40年以上《いじょう》前、高い攻撃力《こうげきりょく》から「爆《ばく》撃機《げきき》」とおそれられ、いまでもドイツ・ブンデスリーガの歴代最多得点《れきだいさいたとくてん》記録《きろく》をもつ男、※ゲルト・ミュラー。その伝説《でんせつ》のストライカーとおなじ名から、「ミュラーの後継者《こうけいしゃ》」「二代《だい》目《め》爆撃機」とよばれるのがトーマス・ミュラーだ。

ドイツ国内だけでなく、世界中《せかいじゅう》で名声を高めたのは2010年の南《みなみ》アフリカW杯《ワールドカップ》での活躍《かつやく》。大会得点王とアシスト王を同時に達成《たっせい》し、最優秀《さいゆうしゅう》若手選手賞《わかてせんしゅしょう》も受賞《じゅしょう》。20歳《さい》での得点王は、W杯史上《しじょう》最年少の大記録だった。

2014年のブラジルW杯では史《し》上初《じょうはつ》の2大会連続《れんぞく》得点王をねらったが、わずか1ゴールの差《さ》で、おしくも2位《い》に。それでも前回大会とおなじ5ゴールを決《き》め、ドイツを24年ぶりのW杯優勝《ゆうしょう》にみちびくと、前回大会で逃《のが》した大会ベストイレブンにもかがやいた。

伝説《でんせつ》リプレイ

得点力《とくてんりょく》の秘密《ひみつ》は、チャンスをかぎつけるカンのよさ。パスを受《う》ける前からゴールをねらっているのだ。

ヒーロー伝説《でんせつ》延長戦《えんちょうせん》

「ゲルトはぼくにとって巨大《きょだい》なお手本」と語るトーマスは、ドイツ代表《だいひょう》での背番号《せばんごう》にゲルトとおなじ13番をえらんでいる。ちなみに、トーマスの父もゲルト。「ゲルト・ミュラー」との縁《えん》の深《ふか》さは、なみたいていではない。

※ゲルト・ミュラー…ブンデスリーガでも、ドイツ代表《だいひょう》としても、歴代最多得点記録保持者《れきだいさいたとくてんきろくほじしゃ》にかがやいた偉人《いじん》。

ヴィッセル神戸《こうべ》

5 ルーカス・ポドルスキ

国籍《こくせき》

ドイツ

生年月日

1985年6月4日

身長《しんちょう》・体重《たいじゅう》

182センチ・83キロ

能力《のうりょく》パラメータ

ヒーローの証《あかし》

- 2006年W杯《ワールドカップ》で最優秀若手選手賞《さいゆうしゅうわかてせんしゅしょう》を受賞《じゅしょう》
- 優勝《ゆうしょう》した2014年W杯《ワールドカップ》でドイツ代表《だいひょう》10番
- ドイツ代表《だいひょう》で通算130試合《しあい》出場49得点《とくてん》

主《おも》な所属《しょぞく》チームと受賞歴《じゅしょうれき》	**チーム** ケルン（ドイツ）→バイエルン・ミュンヘン（ドイツ）→ケルン→アーセナル（イングランド）→インテル・ミラノ（イタリア）→アーセナル→ガラタサライ（トルコ）→ヴィッセル神戸《こうべ》 **受賞** W杯《ワールドカップ》最優秀《さいゆうしゅう》若手《わかて》選手賞《せんしゅしょう》（2006年）

サッカー漫画《まんが》にあこがれてドイツの10番になった男

日本が世界《せかい》に誇《ほこ》るサッカー漫画《まんが》※『キャプテン翼《つばさ》』。この作品《さくひん》に影響《えいきょう》を受《う》けた選手《せんしゅ》は世界中にいる。2014年ブラジルW杯《ワールドカップ》優勝国《ゆうしょうこく》のドイツ代表《だいひょう》で背番号《せばんごう》10をつけていたルーカス・ポドルスキもそのひとり。キャラクターイラストが入ったスパイクやすね当てをつけてプレーしたこともあるというほどの大ファンだ。

その名が世界に知れわたったのは、地元ドイツで開《ひら》かれた2006年W杯でのこと。この大会で同世代《どうせだい》のクリスティアーノ・ロナウドなどをおさえ、最優秀若手選手賞《さいゆうしゅうわかてせんしゅしょう》を受賞《じゅしょう》。その後も、左足から放《はな》つ強烈《きょうれつ》なシュートを武器《ぶき》に、10年以上《いじょう》ドイツ代表で活躍《かつやく》した。

2017年7月からJ《ジェイ》リーグのヴィッセル神戸《こうべ》でプレー。日本のサッカー漫画に影響を受けたヒーローは、いま、日本のサッカー少年たちに大きな影響をあたえようとしている。

伝説《でんせつ》リプレイ

漫画《まんが》『ドラゴンボール』も大好《だいす》きなポドルスキ。
日本でもスーパーゴールを見せられるか!?

ヒーロー伝説《でんせつ》延長戦《えんちょうせん》

2017年7月、来日したポドルスキを出むかえるため、神戸空港《こうべくうこう》に集《あつ》まったサポーターはなんと1000人。その熱烈歓迎《ねつれつかんげい》ぶりでやる気が出たのか、J《ジェイ》リーグデビュー戦《せん》でいきなりゴールを決《き》め、世界《せかい》レベルのすごさを見せつけた。

※『キャプテン翼《つばさ》』…世界中《せかいじゅう》で読まれ、超一流《ちょういちりゅう》の選手《せんしゅ》たちにも影響《えいきょう》をあたえたサッカー漫画《まんが》。現在《げんざい》も続編《ぞくへん》がつづいている。

ドルトムント

6 マルコ・ロイス

けがさえなければ 無敵《むてき》の決定力《けっていりょく》

ガラスのエース

　スピードのある突破力《とっぱりょく》と高い決定力《けっていりょく》をもちながら、けがが多いことでも有名《ゆうめい》。２０１４年W《ワールド》杯《カップ》ではドイツ代表《だいひょう》にえらばれながら、左足首のけがで出場できず。２年後のユーロ２０１６もけがでまさかのメンバー漏《も》れ。そして２０１７年５月には右ひざに全治《ぜんち》８か月の大けが。「ガラスのエース」は、ロシアW杯の舞台《ぶたい》に間に合うのだろうか？

国籍《こくせき》
ドイツ

生年月日
1989年5月31日

身長《しんちょう》・体重《たいじゅう》
180センチ・71キロ

能力《のうりょく》パラメータ

主《おも》な所属《しょぞく》チームと受賞歴《じゅしょうれき》

チーム　ロート・バイス・アーレン→ボルシア・メンヒェングラートバッハ→ドルトムント（すべてドイツ）

受賞　ドイツ年間MVP《エムブイピー》（2012年）

ライプツィヒ

7 ティモ・ベルナー

快速《かいそく》ストライカー

圧倒的《あっとうてき》なスピードを武器《ぶき》に、ドイツ代表《だいひょう》の新エース候補《こうほ》になったのがベルナーだ。２０１６—２０１７シーズンには、ブンデスリーガ史上最年少《しじょうさいねんしょう》での通算１００試合《しあい》出場と、ドイツ人最多の21ゴールを記録《きろく》。代表では10試合で7得点《とくてん》と決《き》めまくり、大陸王者《たいりくおうじゃ》が集《あつ》まるコンフェデレーションズカップで得点王。ドイツ期待《きたい》のスピードスターだ。

主《おも》な所属《しょぞく》チームと受賞歴《じゅしょうれき》	
チーム	シュトゥットガルト→ライプツィヒ（いずれもドイツ）
受賞	コンフェデレーションズカップ得点王《とくてんおう》（2017年）

国籍《こくせき》
ドイツ

生年月日
1996年3月6日

身長《しんちょう》・体重《たいじゅう》
180センチ・75キロ

能力《のうりょく》パラメータ
精神力《せいしんりょく》
スピード
テクニック
スタミナ

「ゲルマン魂《だましい》」の国

ドイツのサッカー

ワールドサッカーストーリーズ

W杯《ワールドカップ》の常連《じょうれん》、ドイツ代表《だいひょう》。国内のブンデスリーガでは日本人選手《せんしゅ》が活躍《かつやく》することも多く、なじみのある国だ。そんなドイツサッカーの強さの秘密《ひみつ》は一体なんだろう？

あきらめない「ゲルマン魂《だましい》」で最後《さいご》に勝《か》つのはいつもドイツ

ヨーロッパ最大《さいだい》の工業国《こうぎょうこく》で、とくに自動車産業《じどうしゃさんぎょう》がさかんなドイツ。ドイツ車といえば、とにかく頑丈《がんじょう》で長もちすることで知られている。そんなドイツ車のように、歴代《れきだい》のサッカードイツ代表《だいひょう》も、当たり負《ま》けしない強い体と、試合終了《しあいしゅうりょう》の瞬間《しゅんかん》まで勝利《しょうり》をあきらめず走りきる体力を武器《ぶき》に、ずっと世界《せかい》トップレベルだ。

強い体も、最後まで走りきる体力も、ドイツ以上《いじょう》の国はあるかもしれない。だが、あきらめないことに関《かん》してはドイツが一番。この不屈《ふくつ》の精《せい》神《しん》こそがドイツの強さの源《みなもと》、「ゲルマ

ン魂《だましい》」だ。たとえ前半で2点のリードをゆるしても、退場者《たいじょうしゃ》が出てひとり少なくなっても、アディショナルタイムで追《お》いつき、延長戦《えんちょうせん》でドイツが勝利、なんて試合はめずらしくない。※「サッカーは単純《たんじゅん》なスポーツだ。22人がボールをうばいあい、最後にはいつもドイツが勝つ」……こんなサッカー格言《かくげん》ができてしまうほど、ドイツの勝利への執念《しゅうねん》はすさまじい。

ドイツが負《ま》けない秘密《ひみつ》
〝P《ピー》K《ケー》戦《せん》無《む》敗《はい》伝《でん》説《せつ》〟

この勝負強《しょうぶづよ》さで、ドイツはW杯《ワールドカップ》でいつも好成績《こうせいせき》をおさめてきた。優勝《ゆうしょう》4回は、1位《い》のブラジル（5回）に次《つ》ぐ2位タイ。準優勝《じゅんゆうしょう》以上《いじょう》は史上最多《しじょうさいた》の8回。ベスト4まで残《のこ》った回数も史上最多の13回。いつの時代《じだい》も安定《あんてい》した成績《せいせき》を残すのがドイツ代表《だいひょう》だ。

なかでも、ペナルティキック（P《ピー》K《ケー》）戦《せん》は、驚異《きょうい》の勝率《しょうりつ》１００パーセント。Ｗ杯の歴史《れきし》で、はじめてＰＫ戦が行われた１９８２年スペイン大会準決勝でＷ杯史上初《はつ》のＰＫ戦勝利をもぎとると、その後も１９８６年大会、１９９０年大会と、ドイツはつねにＰＫ戦で勝利。２００６年ドイツ大会の準々決勝《じゅんじゅんけっしょう》では、こちらも過去《かこ》、Ｗ杯のＰＫ戦では３戦３勝のアルゼンチンと「全勝対決《ぜんしょうたいけつ》」が実現《じつげん》。ドイツはこのＰＫ戦でも勝利をおさめて４戦４勝とし、ＰＫ戦最強国の名をゆるぎないものにした。

※「サッカーは単純《たんじゅん》な～」…１９８６年W杯得点王《ワールドカップとくてんおう》、元イングランド代表《だいひょう》ゲイリー・リネカーの言葉《ことば》。うなずくサッカーファンと選手《せんしゅ》は世界中《せかいじゅう》にいる。

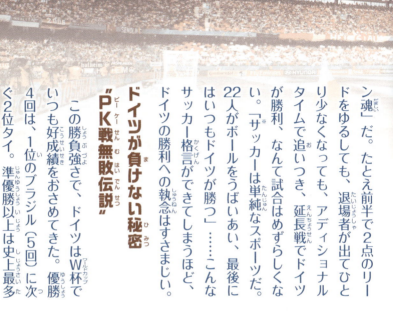

W杯《ワールドカップ》での戦績《せんせき》

過去《かこ》10大会《たいかい》

1978年	アルゼンチン大会	2次《じ》リーグ敗退《はいたい》
1982年	スペイン大会	準《じゅん》優《ゆう》勝《しょう》
1986年	メキシコ大会	準《じゅん》優《ゆう》勝《しょう》
1990年	イタリア大会	優《ゆう》勝《しょう》
1994年	アメリカ大会	ベスト8
1998年	フランス大会	ベスト8
2002年	日本・韓国《かんこく》大会	準《じゅん》優《ゆう》勝《しょう》
2006年	ドイツ大会	3位《い》
2010年	南《みなみ》アフリカ大会	3位《い》
2014年	ブラジル大会	優《ゆう》勝《しょう》

歴代通算《れきだいつうさん》

本戦出場	18回	優勝	4回	準優勝	4回

最近《さいきん》の基本《きほん》フォーメーション〔4-2-3-1〕

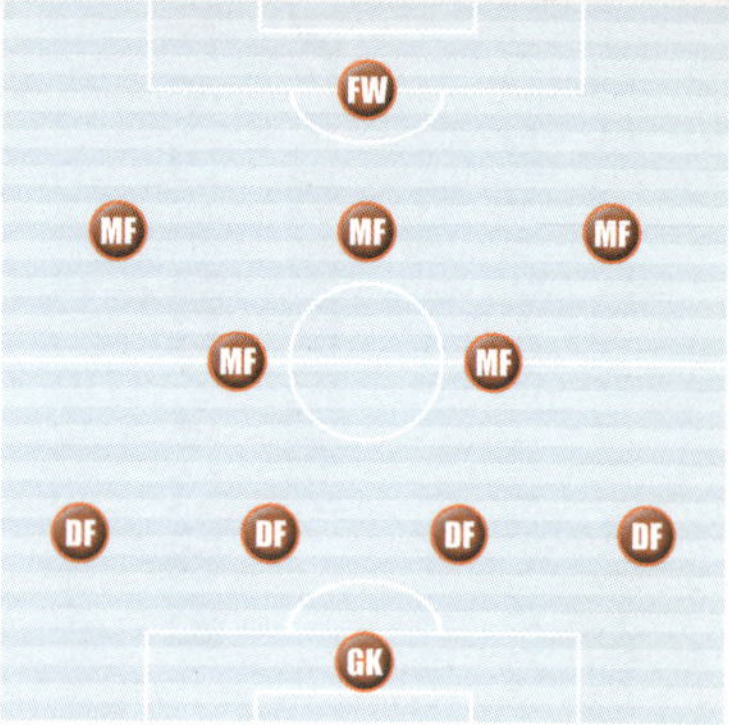

どんな戦術《せんじゅつ》でも、しっかり強いドイツ。試合中《しあいちゅう》でもフォーメーションを変更《へんこう》できる柔軟《じゅうなん》さもある。

ゲルマン魂《だましい》で栄光《えいこう》を手にした皇帝《こうてい》、鉄人《てつじん》、鬼神《きじん》たち

　PK《ピーケー》戦《せん》に強いのは、相手《あいて》GK《ゴールキーパー》の手がとどかない位置《いち》に正確《せいかく》に蹴《け》りこむ技術《ぎじゅつ》があることにくわえ、精神力《せいしんりょく》が強く、プレッシャーに打《う》ちかてる選《せん》手《しゅ》が多いから。そして、勝利《しょうり》にどん欲《よく》だからこそ、ドイツはちゃんとPK戦の練習《れんしゅう》をかさね、蹴る順番《じゅんばん》も事《じ》前《ぜん》に決《き》めているのだ。勝《か》つためならどんな準備《じゅんび》もおこたらない点も、ゲルマン魂《だましい》らしさのひとつといえる。

　このゲルマン魂を、身《み》をもってあらわした代表例《だいひょうれい》が、「皇帝《こうてい》」とよばれたフランツ・ベッケンバウアーだ。1970年のW杯《ワールドカップ》準決勝《じゅんけっしょう》では試《し》

「ゲルマン魂《だましい》」の国 ドイツのサッカー

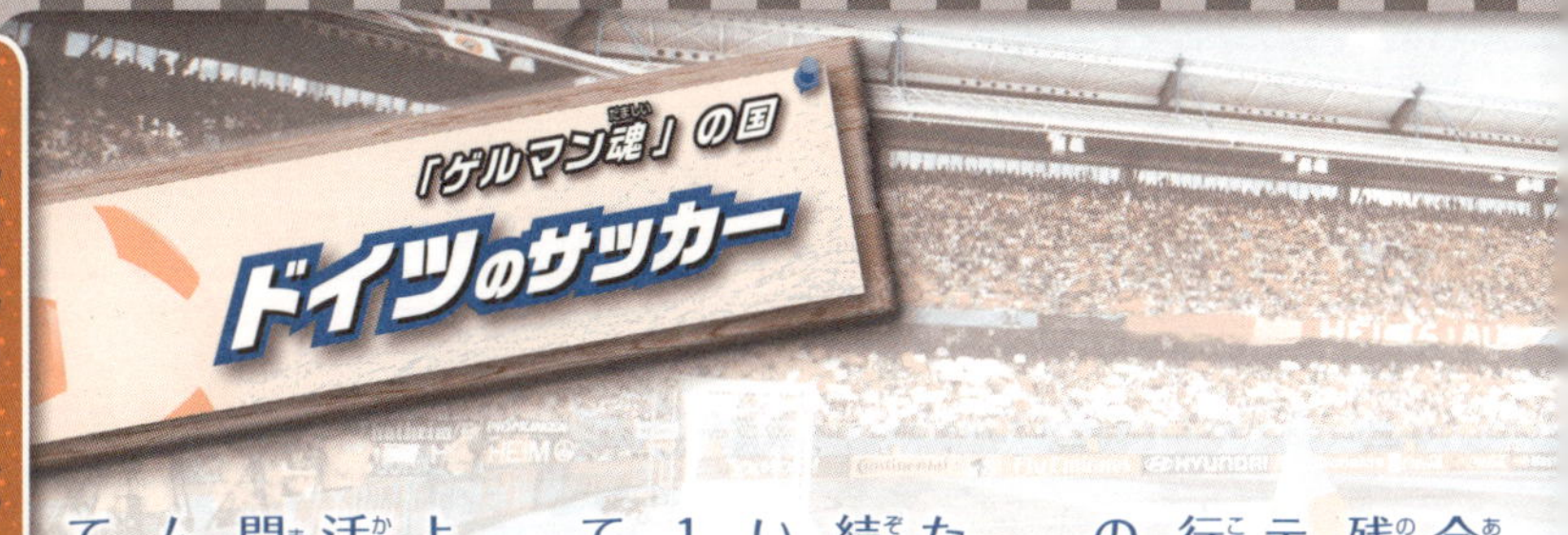

合中《あいちゅう》に右肩《みぎかた》を脱臼《だっきゅう》。だが、交代枠《こうたいわく》が残《のこ》っていなかったため、肩から腕《うで》をテーピングで固定《こてい》してプレーを続《ぞっ》行《こう》。結果的《けっかてき》に試合《しあい》には敗《やぶ》れたが、その戦《たたか》う姿勢《しせい》は、大きな感動《かんどう》を集《あつ》めた。

また、「鉄人《てつじん》」や「闘将《とうしょう》」とよばれたローター・マテウスは、5大会連《れん》続《ぞく》W杯出場とW杯通算25試合出場というふたつの歴代《れきだい》1位《い》記録《きろく》を達成《たっせい》。1990年W杯ではキャプテンとしてチームを優勝《ゆうしょう》にみちびいている。

2002年W杯では、「鬼神《きじん》」とよばれたGK《ゴールキーパー》のオリバー・カーンが活躍《かつやく》。まさに鬼《おに》のような顔と声で仲《なか》間《ま》をうしろからふるいたたせ、チームは準優勝だったが、GKではじめて大会MVP《エムブイピー》にえらばれている。

低迷期《ていめいき》も見事《みごと》に脱出《だっしゅつ》 ゲルマン魂《だましい》は新時代《しんじだい》へ

1990年代《ねんだい》後半、主力選手《しゅりょくせんしゅ》の高《こう》齢化《れいか》で低迷期《ていめいき》に突入《とつにゅう》してしまったドイツ。そこで2000年以降《いこう》、若手《わかて》選手の育成強化《いくせいきょうか》を開始《かいし》。2014年ブラジルW杯《ワールドカップ》で、ついに24年ぶりの世界一《せかいいち》の座《ざ》にかえりざいた。

また、新たなスター選手が登場《とうじょう》することで、国内のブンデスリーガ人気も復活《ふっかつ》。近年は、チャンピオンズリーグでもドイツ勢《ぜい》が好成績《こうせいせき》を残《のこ》すようになった。自動車《じどうしゃ》の新モデルが次《つぎ》つぎとつくられるように、ドイツサッカーもまた、伝統《でんとう》を守《まも》りながら、新たな進化《しんか》をつづけているのだ。

バルセロナ

8

リオネル・メッシ

サッカーヒーローたちの
頂点《ちょうてん》に立つ最強《さいきょう》プレーヤー

ヒーローの証《あかし》

- バロンドール受賞《じゅしょう》は歴代《れきだい》最多《さいた》タイの５回
- 2014 年W杯《ワールドカップ》で大会 MVP《エムブイピー》 受賞《じゅしょう》
- 8 シーズン連続《れんぞく》 40 ゴール以上《いじょう》の決定力《けっていりょく》

国籍《こくせき》

アルゼンチン

生年月日

1987年6月24日

身長《しんちょう》・体重《たいじゅう》

170センチ・72キロ

能力《のうりょく》パラメータ

主《おも》な所属《しょぞく》チームと受賞歴《じゅしょうれき》	**チーム** バルセロナ（スペイン） **受賞** W杯《ワールドカップ》MVP《エムブイピー》（2014年）、バロンドール（2009～2012年、2015年）、ヨーロッパ年間MVP（2011年、2015年）、クラブW杯MVP（2009年、2011年）、チャンピオンズリーグ得点王《とくてんおう》（2009～2012年、2015年）、リーガ・エスパニョーラ得点王（2010年、2012年、2013年、2017年）、世界《せかい》ベストイレブン11回

ゴールを決《き》めて当たり前 常識《じょうしき》をこえた「宇宙人《うちゅうじん》」

「サッカー史上最高《しじょうさいこう》の選手《せんしゅ》」と評価《ひょうか》されるのが世界的《せかいてき》名門クラブ、バルセロナのFW《フォワード》リオネル・メッシだ。ボールが足もとからはなれない魔法《まほう》のようなドリブルと得点力《とくてんりょく》でゴールの山を築《きず》き、8シーズン連続《れんぞく》で40ゴール以上《いじょう》を決《き》めつづけている。

アルゼンチン代表《だいひょう》では、2005年、20歳《さい》以下の世界大会で優勝《ゆうしょう》し、大会得点王とMVP《エムブイピー》を受賞《じゅしょう》。2008年の北京《ペキン》オリンピックでは金メダル。2014年のブラジルW杯《ワールドカップ》では準優《じゅんゆう》勝《しょう》にもかかわらず大会MVPを受賞した。

数かずの大記録《だいきろく》のなかでも、とくにすごいのが2012年、バルセロナとアルゼンチン代表の試合で得点を決めまくって達成《たっせい》した年間※91ゴール。2位《い》の選手《せんしゅ》は62ゴールで、圧倒《あっとう》的《てき》な1位だった。異次元《いじげん》のプレーから「宇宙人《うちゅうじん》メッシ」とよばれるのも納得《なっとく》だ。

伝説《でんせつ》リプレイ

ひとりだけ
べつのゲームの
ようです！
クル
クル

宇宙《うちゅう》レベルのドリブルの秘密《ひみつ》は、細かいボールタッチで、ボールを完璧《かんぺき》にコントロールすることだ。

ヒーロー伝説《でんせつ》 延長戦《えんちょうせん》

10歳《さい》のとき、低身長症《ていしんちょうしょう》という病気《びょうき》に苦《くる》しんでいたメッシ少年を救《すく》ったのが、その才能《さいのう》にほれこんだバルセロナ。治療費《ちりょうひ》をすべて負担《ふたん》し、のちのスーパースターをそだてあげた。だからこそ、メッシのバルセロナ愛《あい》は本物《ほんもの》なのだ。

※年間91ゴール…バルセロナで79ゴール、代表戦《だいひょうせん》で12ゴールを記録《きろく》。ゲルト・ミュラーのもつ年間最多《さいた》記録（85ゴール）を40年ぶりに更新《こうしん》した。

マンチェスター・シティ

9

セルヒオ・アグエロ

アルゼンチンを支《ささ》える「神《かみ》の子」の後継者《こうけいしゃ》

国籍《こくせき》

アルゼンチン

生年月日

1988年6月2日

身長《しんちょう》・体重《たいじゅう》

173センチ・70キロ

能力《のうりょく》パラメータ

ヒーローの証《あかし》

- 史上《しじょう》2番目に早いプレミアリーグ100ゴール
- 2014-2015シーズンのプレミアリーグ得点王《とくてんおう》
- メッシとともに出場した北京《ペキン》オリンピックで金

主《おも》な所属《しょぞく》チームと受賞歴《じゅしょうれき》	チーム インデペンディエンテ（アルゼンチン）→アトレティコ・マドリード（スペイン）→マンチェスター・シティ（イングランド）
	受賞 プレミアリーグ得点王《とくてんおう》（2015年）

記録《きろく》でも、それ以外《いがい》でも“伝説《でんせつ》”と深《ふか》い縁《えん》をもつ男

アルゼンチンのサッカー史《し》を語るうえで、スーパースターのメッシ以《い》上《じょう》に重要《じゅうよう》な人物《じんぶつ》といえば※ディエゴ・マラドーナ。20世紀最高《せいきさいこう》の選手《せんしゅ》のひとりで、アルゼンチンにW杯《ワールドカップ》優勝《ゆうしょう》をもたらしたことから、「神《かみ》の子」とたたえられた。

そんな伝説《でんせつ》の選手と比較《ひかく》され、「マラドーナの後継者《こうけいしゃ》」とよばれるのがセルヒオ・アグエロだ。2003年7月23日、15歳《さい》と35日の若《わか》さでプロデビュー。マラドーナがもっていたアルゼンチン1部《ぶ》リーグ最年少出場《さいねんしょうしゅつじょう》記録《きろく》をぬりかえると、スピードとテクニックにすぐれたドリブルを武器《ぶき》にプレミアリーグでは得点王《とくてんおう》に。アルゼンチン代表《だいひょう》でも数多くのゴールを決《き》めつづけた。

そんなアグエロ、なんとマラドーナの次女《じじょ》と結婚《けっこん》。プレー以外の面《めん》でも文字通り「マラドーナの後継者」となって、世間《せけん》をおどろかせている。

伝説《でんせつ》リプレイ

2017年、アグエロは代表《だいひょう》通算得点《とくてん》を「35」とし、マラドーナの記録《きろく》、代表34得点を更新《こうしん》した。

ヒーロー伝説《でんせつ》延長戦《えんちょうせん》

2009年、息子《むすこ》をさずかったアグエロ夫婦《ふうふ》。マラドーナにとって初孫《はつまご》にあたる。のちに夫婦は離婚《りこん》してしまうが、1歳《さい》10か月にして力強いシュートを打《う》ちこむ息子の動画《どうが》がアップされ話題《わだい》になった。父ゆずりなのか、祖父《そふ》ゆずりなのか。

※ディエゴ・マラドーナ…1986年W杯《ワールドカップ》でアルゼンチンを優勝《ゆうしょう》にみちびいた、サッカー史《し》に欠《か》かせない偉人《いじん》。

ユベントス

人気も実力《じつりょく》も〝宝石級《ほうせききゅう》〟アルゼンチンの若《わか》きスター

10 パウロ・ディバラ

国《こく》籍《せき》

アルゼンチン

生年月日

1993年11月15日

身長《しんちょう》・体重《たいじゅう》

177センチ・73キロ

能力《のうりょく》パラメータ

ヒーローの証《あかし》

- 23歳《さい》にして名門ユベントスの10番
- イタリア代表《だいひょう》とアルゼンチン代表に誘《さそ》われた男
- セリエA《アー》で59年ぶりとなる「6試合《しあい》で10ゴール」

主《おも》な所属《しょぞく》チームと受賞歴《じゅしょうれき》	
チーム	インスティトゥート・コルドバ（アルゼンチン）→パレルモ（イタリア）→ユベントス（イタリア）
受賞	セリエA《アー》ベストイレブン（2017年）

名門クラブに受《う》けつがれる伝説《でんせつ》の番号《ばんごう》を背負《せお》う男

世界的《せかいてき》名門クラブ、ユベントスには特別《とくべつ》な背番号《せばんごう》がふたつある。ひとつは、「伝説《でんせつ》のファンタジスタ※」とよばれたロベルト・バッジョやデル・ピエロなど、歴代《れきだい》エースがつけた「10」。そして、もうひとつが、「史上最高《しじょうさいこう》の選手《せんしゅ》」とも名高いジネディーヌ・ジダンなどがつけた「21」。2015年、21歳《さい》の若《わか》さにしてこの特別な21番をまかされたのがパウロ・ディバラだ。

抜群《ばつぐん》の得点感覚《とくてんかんかく》と世界《せかい》のだれもがうらやむテクニックが武器《ぶき》。その実力《じつりょく》にくわえ、サッカー界屈指《くっし》のイケメンぶりから、ついたニックネームは「宝石《ほうせき》」だ。

2017年8月、ユベントスはこの若き才能《さいのう》に〝クラブの顔〟ともいうべき背番号10をまかせることを決定《けってい》。次世代《じせだい》スターはいま、さらに輝《かがや》きを増《ま》して、スーパースターへの階段《かいだん》をのぼりはじめている。

伝説《でんせつ》リプレイ

レアル・マドリードなどの超強豪《ちょうきょうごう》クラブも、ディバラ獲得《かくとく》をねらう。移籍市場《いせきしじょう》での評価《ひょうか》も宝石級《ほうせききゅう》だ。

ヒーロー伝説《でんせつ》延長戦《えんちょうせん》

じつはイタリアの市民権《しみんけん》とポーランド国籍《こくせき》ももっていて、そのどちらかの代表《だいひょう》になることもできたディバラ。実際《じっさい》、先に誘《さそ》いがきたのはイタリア代表だったが、彼《かれ》はうまれ故郷《こきょう》であるアルゼンチンの代表になる道をえらんだ。

※ファンタジスタ…ひらめきや創造的《そうぞうてき》なプレーで観客《かんきゃく》を魅了《みりょう》する選手《せんしゅ》のこと。バッジョやデル・ピエロ、ジダンなどがその代表例《だいひょうれい》。

ユベントス

11 ゴンサロ・イグアイン

国籍《こくせき》

アルゼンチン

生年月日

1987年12月10日

身長《しんちょう》・体重《たいじゅう》

184センチ・87キロ

能力《のうりょく》パラメータ

ヒーローの証《あかし》

- 2015-2016シーズンに36ゴールで得点王《とくてんおう》&《アンド》セリエＡ《アー》シーズン得点《とくてん》記録《きろく》を66年ぶりに更新《こうしん》
- スペインでもイタリアでも通算100得点《とくてん》を達成《たっせい》

主《おも》な所属《しょぞく》チームと受賞歴《じゅしょうれき》	
チーム	リーベルプレート（アルゼンチン）→レアル・マドリード（スペイン）→ナポリ（イタリア）→ユベントス（イタリア）
受賞	セリエA《アー》ベストイレブン（2014年、2016年、2017年）、セリエA得点王《とくてんおう》（2016年）

スペインでもイタリアでも代表《だいひょう》でも決《き》めまくる男

フランスうまれのアルゼンチン人FW《フォワード》、ゴンサロ・イグアイン。アルゼンチンの名門、リーベルプレートでの活躍《かつやく》がみとめられ、20歳《さい》の若《わか》さで世界的《せかいてき》名門クラブ、スペインのレアル・マドリードへ移籍《いせき》。その後も、世界の名だたる名門クラブで活躍をつづけている。

スピード、テクニック、シュートと、FWに必要《ひつよう》なすべての能力《のうりょく》が一《いっ》級品《きゅうひん》だが、とくにすごいのが得点感《とくてんかん》覚《かく》。レアル・マドリードでの7シーズンで通算100ゴール以上《いじょう》を記《き》録《ろく》。イタリアのナポリ時代《じだい》には36ゴールで得点王となり、セリエA《アー》のシーズン得点記録を66年ぶりにぬりかえた。2017年にはイタリアでも通算100ゴールを達成《たっせい》している。

もちろん、アルゼンチン代表《だいひょう》でも大量《たいりょう》得点。2010年W杯《ワールドカップ》では大会でただひとりのハットトリックを記録した。

伝説《でんせつ》リプレイ

36ゴールで得点王《とくてんおう》になったシーズンのリーグ戦試《せんし》合数《あいすう》は35。平均《へいきん》すると毎《まい》試合1点以上《いじょう》取《と》る計算だ。

ヒーロー伝説《でんせつ》延長戦《えんちょうせん》

「ゴールはケチャップみたいなもの。出ないときは出ないけど、出るときはドバドバ出る」と語ったのは本田圭佑《ほんだけいすけ》。だが、もともとこの言葉《ことば》を広めたのはイグアイン。先輩《せんぱい》FW《フォワード》からアドバイスされた、得点《とくてん》の極意《ごくい》だった。

ボカ・ジュニアーズ

12

カルロス・テベス

世界《せかい》を仰天《ぎょうてん》させた
〝史上最高年俸《しじょうさいこうねんぼう》〟男

94億円《おくえん》プレーヤー

身体能力《しんたいのうりょく》と得点感覚《とくてんかんかく》にすぐれ、アテネオリンピックではアルゼンチン優勝《ゆうしょう》に大きく貢献《こうけん》。ボカ・ジュニアーズ時代《じだい》には3年連続《れんぞく》で南米《なんべい》年間最優秀選手賞《さいゆうしゅうせんしゅしょう》にかがやき、マンチェスター・ユナイテッドではヨーロッパチャンピオンズリーグ優勝も経験《けいけん》。この実績《じっせき》を買われ、〝世界《せかい》最高年俸《さいこうねんぼう》〟ともいわれる2年約《やく》94億円《おくえん》で中国《ちゅうごく》リーグに移籍《いせき》した。

国籍《こくせき》
アルゼンチン

生年月日
1984年2月5日

身長《しんちょう》・体重《たいじゅう》
173センチ・75キロ

能力《のうりょく》パラメータ

主な所属《おもなしょぞく》チームと受賞歴《じゅしょうれき》

チーム ボカ・ジュニアーズ（アルゼンチン）→コリンチャンス（ブラジル）→ウェストハム（イングランド）→マンチェスター・ユナイテッド（イングランド）→マンチェスター・シティ（イングランド）→ユベントス（イタリア）→ボカ・ジュニアーズ→上海《シャンハイ》申花《シェンファ》（中国《ちゅうごく》）→ボカ・ジュニアーズ **受賞** 南米年間《なんべいねんかん》MVP《エムブイピー》（2003～2005年）、プレミアリーグ得点王《とくてんおう》（2011年）

パリ・サンジェルマン

13

エディンソン・カバーニ

ピッチの闘牛士《とうぎゅうし》

※闘牛《とうぎゅう》のさかんな国では、ゴールゲッターのことを「マタドール（闘牛士《とうぎゅうし》）」と表現《ひょうげん》することがある。現役選手《げんえきせんしゅ》でこの「マタドール」の名がもっともふさわしいのがエディンソン・カバーニだ。イタリアのセリエA《アー》でも、フランスのリーグ・アンでも得点王《とくてんおう》になったのがその証《あかし》。ウルグアイ代表《だいひょう》でも10年以上《いじょう》にわたってゴールを決《き》めつづけている。

国籍《こくせき》
ウルグアイ

生年月日
1987年2月14

身長《しんちょう》・体重《たいじゅう》
184センチ・71キロ

能力《のうりょく》パラメータ

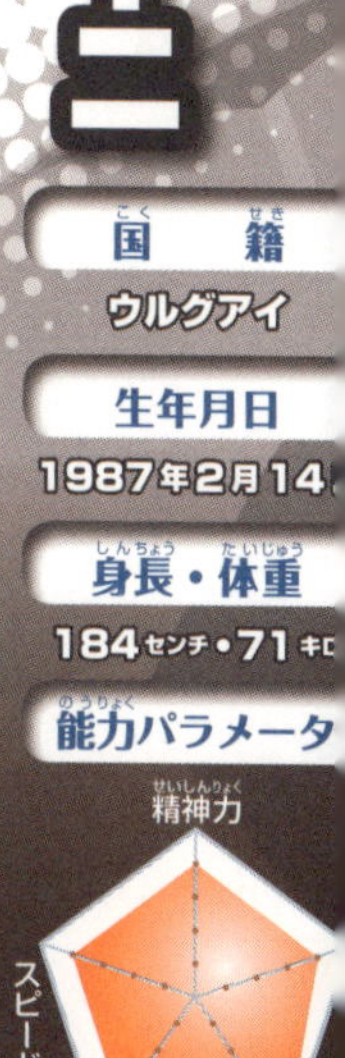

主《おも》な所属《しょぞく》チームと受賞歴《じゅしょうれき》

チーム ダヌービオ（ウルグアイ）→パレルモ（イタリア）→ナポリ（イタリア）→パリ・サンジェルマン（フランス） **受賞** リーグ・アンMVP《エムブイピー》（2017年）、セリエA《アー》得点王《とくてんおう》（2013年）、リーグ・アン得点王（2017年）

※闘牛《とうぎゅう》…人と牛、または牛どうしが戦《たたか》う競技《きょうぎ》。スペインがもっともさかんだが、メキシコ、ペルー、ベネズエラなど中・南アメリカでも人気。

「神《かみ》の子」のいる国

アルゼンチンのサッカー

「史上最高《しじょうさいこう》の選手《せんしゅ》はだれか？」そんな疑問《ぎもん》への回答候補《かいとうこうほ》がふたりも存在《そんざい》するのがアルゼンチン。サッカーの神様《かみさま》に愛《あい》されるプレーは、世界中《せかいじゅう》のファンを夢中《むちゅう》にさせる。

情熱的《じょうねつてき》な名勝負《めいしょうぶ》をうみだす 南《みなみ》アメリカ大陸最古《たいりくさいこ》のリーグ

南《みなみ》アメリカ大陸《たいりく》のもっとも南に位置《いち》するアルゼンチン。むかしからヨーロッパ移民《いみん》が多く、いまでは国民《こくみん》の9割以上《わりいじょう》がスペイン、またはイタリアからの移民の子孫《しそん》たちだ。そのため、ヨーロッパ文化《ぶんか》の影響《えいきょう》を強く受《う》けていて、サッカーがさかんになったのも南アメリカ大陸ではもっとも早かった。1891年には、初《はつ》のサッカーリーグが開催《かいさい》。これはイングランドに次《つ》いで世界《せかい》で2番目に古い。ともに首都《しゅと》ブエノスアイレスを本拠地《ほんきょち》とするボカ・ジュニアーズとリーベルプレートの試合《しあい》は、「世界

一はげしいダービーマッチ」とよばれ、選手《せんしゅ》はもちろん、観客席《かんきゃくせき》でも情熱《じょうねつ》的《てき》な応援合戦《おうえんがっせん》がおきることで有名《ゆうめい》だ。

金髪《きんぱつ》の矢《や》、闘牛士《とうぎゅうし》、神《かみ》の子《こ》 世界《せかい》がみとめたスターたち

歴史《れきし》があり、情熱的《じょうねつてき》なアルゼンチンサッカーは、むかしから世界的《せかいてき》な英雄《えいゆう》を何人もうみだしてきた。その最初《さいしょ》のスターが、リーベルプレート出身《しゅっしん》で、「金髪《きんぱつ》の矢《や》」とよばれたアルフレッド・ディ・ステファノ。W杯《ワールドカップ》とは縁《えん》がなかったが、1950年代《ねんだい》にスペインのレアル・マドリードでエースとして活躍《かつやく》。それまで二度《ど》しかリーグ優勝《ゆうしょう》の経験《けいけん》がなかったレアルを世界的なビッグクラブへと成長《せいちょう》させた選手《せんしゅ》としてたたえられている。

アルゼンチンの代表《だいひょう》チームは、おとなりのブラジルや、戦争状態《せんそうじょうたい》になったこともあるイングランドなど、ライバル国との試合《しあい》で熱戦を演《えん》じてきたが、はじめて世界一になったのは1978年、自国開催《かいさい》のアルゼンチンW杯。長い髪《かみ》をなびかせて相手《あいて》ゴールへ突進《とっしん》するスタイルから、「闘牛士《とうぎゅうし》」とよばれたマリオ・ケンペスが6ゴールで得点王《とくてんおう》となり、国《こく》民《みん》のヒーローになった。さらに翌年《よくとし》、若手《わかて》世界一を決《き》めるワールドユース大会でも優勝。この大会でMVP《エムブイピー》にえらばれたのが、のちに「神《かみ》の子」「史上最高《しじょうさいこう》の選手」とよばれることになるディエゴ・マラドーナだった。

W杯《ワールドカップ》での戦績《せんせき》

過去《かこ》10大会《たいかい》

1978年	アルゼンチン大会	優《ゆう》勝《しょう》
1982年	スペイン大会	2次《じ》リーグ敗退《はいたい》
1986年	メキシコ大会	優《ゆう》勝《しょう》
1990年	イタリア大会	準《じゅん》優《ゆう》勝《しょう》
1994年	アメリカ大会	ベスト16
1998年	フランス大会	ベスト8
2002年	日本・韓国《かんこく》大会	グループリーグ敗退《はいたい》
2006年	ドイツ大会	ベスト8
2010年	南《みなみ》アフリカ大会	ベスト8
2014年	ブラジル大会	準《じゅん》優《ゆう》勝《しょう》

歴代通算《れきだいつうさん》

本戦出場	16回	優勝	2回	準優勝	3回

最近《さいきん》の基本《きほん》フォーメーション

〔3-3-1-3〕

チームの中心となるメッシは、最前線《さいぜんせん》でプレーすることもあれば、少しさがってトップ下にくることも。

「神《かみ》の子」の光と影《かげ》
神をもこえる「宇宙人《うちゅうじん》」

　マラドーナの名が世界《せかい》で響《ひび》きわたったのが、1986年のメキシコW《ワールド》杯《カップ》だ。因縁《いんねん》の相手《あいて》、イングランド相手に5人抜《ぬ》きゴールなどスーパープレーを連発《れんぱつ》。大会でのチーム全《ぜん》14得《とく》点中《てんちゅう》5ゴール5アシストを記録《きろく》し、アルゼンチンに二度目《どめ》のW杯制覇《せいは》をもたらしたのだ。この大会は「マラドーナのための大会」とよばれ、アルゼンチン国民《こくみん》にとってマラドーナの名は、「神《かみ》の子」どころか「神」とおなじ意味《いみ》をもつようになった。

　ただ、その存在感《そんざいかん》があまりに大きすぎるため、マラドーナが引退《いんたい》した

「神《かみ》の子」のいる国

アルゼンチンのサッカー

あとも、多くの選手《せんしゅ》が「神」と比較《ひかく》され、その重圧《じゅうあつ》と戦《たたか》わなければならなくなってしまった。世界的《せかいてき》なスター選手が顔をそろえながら、もう30年以上《いじょう》W杯優勝《ゆうしょう》から遠ざかっている理由《りゆう》のひとつとされている。

いま、その重圧に打《う》ちかとうとしているのが、こちらも「史上最高《しじょうさいこう》の選手」とよばれ、代表《だいひょう》でもバルセロナでも、マラドーナとおなじ10番をつけてプレーする「宇宙人《うちゅうじん》」、リオネル・メッシだ。クラブでの活躍度《かつやくど》や実績《じっせき》では、すでにマラドーナ以上の成績を残しているだけに、W杯優勝を母国にもたらすことができれば、名実《めいじつ》ともに「神様ごえ」の評価《ひょうか》を勝《か》ちとることができるかもしれない。

大国アルゼンチンに挑《いど》んだ小さな国の大きな偉業《いぎょう》

最後《さいご》に、サッカー史《し》を知るうえで重要《じゅうよう》な、アルゼンチンのもうひとつのライバル国のこともおぼえておきたい。アルゼンチンとブラジルの間にはさまれた小さな国、ウルグアイだ。1930年、はじめて開催《かいさい》されたW杯《ワールドカップ》ウルグアイ大会では決勝《けっしょう》でアルゼンチンをたおし初代王者《しょだいおうじゃ》に。さらに、1950年ブラジルW杯では決勝でブラジルに逆転勝利《ぎゃくてんしょうり》をおさめ、二度《ど》目《め》のW杯制覇《せいは》を達成《たっせい》。国土も人口も小さな国が超大国《ちょうたいこく》をたおしてつかんだ栄光《えいこう》は、世界中《せかいじゅう》の国にいまも大きな勇気《ゆうき》をあたえてくれる。

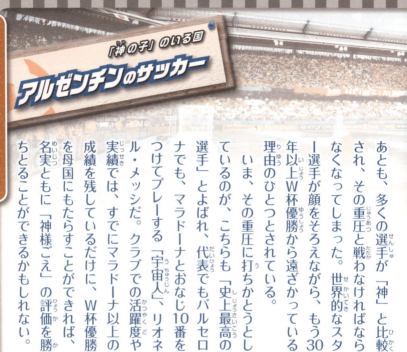

バルセロナ

14 ルイス・スアレス

ヨーロッパの3つのリーグで得点王《とくてんおう》

国《こく》　籍《せき》

ウルグアイ

生年月日

1987年1月24日

身長《しんちょう》・体重《たいじゅう》

182センチ・86キロ

能力《のうりょく》パラメータ

ヒーローの証《あかし》

- ヨーロッパのことなる3つのリーグで得点王《とくてんおう》に
- ウルグアイ代表《だいひょう》歴代《れきだい》最《さい》多《た》得点《とくてん》記録《きろく》更新中《こうしんちゅう》
- スペインリーグ史上《しじょう》3人目のシーズン40ゴール

主《おも》な所属《しょぞく》チームと受賞歴《じゅしょうれき》

チーム ナシオナル・モンテビデオ（ウルグアイ）→フローニンゲン（オランダ）→アヤックス（オランダ）→リバプール（イングランド）→バルセロナ（スペイン） **受賞** クラブW杯MVP《ワールドカップエムブイピー》（2015年）、プレミアリーグMVP（2014年）、クラブW杯得点王《とくてんおう》（2015年）、エールディビジ得点王（2010年）、プレミアリーグ得点王（2014年）、リーガ・エスパニョーラ得点王（2016年）、世界《せかい》ベストイレブン（2016年）

足元も、口元も その男、超危険人物《ちょうきけんじんぶつ》

世界《せかい》でも一、二をあらそう決定力《けっていりょく》をもつ男、ルイス・スアレス。オランダのエールディビジ、イングランドのプレミアリーグ、そしてスペインのリーガ・エスパニョーラと、ヨーロッパの有力《ゆうりょく》リーグのうち3つのリーグで得点王《とくてんおう》になり、ウルグアイ代表《だいひょう》でも歴代《れきだい》最多《さいた》得点《とくてん》記録《きろく》をのばしつづけている。

だが、その名がサッカーファン以外《いがい》にも広く知られるようになったのは、足ではなく「口」がきっかけ。プレー中に三度《ど》も相手《あいて》選手《せんしゅ》にかみついてしまったからだ。2014年ブラジルW杯《ワールドカップ》で三度目のかみつき事件《じけん》をおこすと、長期間《ちょうきかん》の出場停止処分《ていししょぶん》にくわえて、サッカーに関《かん》するあらゆることが4か月間禁止《きんし》に。そんな超問題児《ちょうもんだいじ》にもかかわらず、名門クラブのバルセロナへの移籍《いせき》がすんなり決定《けってい》してしまうほど、サッカーの実力では抜《ぬ》きんでているのだ。

伝説《でんせつ》リプレイ

ウルグアイ
やぶれました!!
オレがでてれば
なぁ〜!
ガリガリ

W杯《ワールドカップ》でスアレスを欠《か》いたウルグアイはベスト16で敗退《はいたい》。スアレス不在《ふざい》では強豪《きょうごう》に歯《は》がたたず!?

ヒーロー伝説《でんせつ》延長戦《えんちょうせん》

スアレスが妻《つま》のソフィアさんと出会ったのは14歳《さい》のとき。だが、ほどなくして彼女《かのじょ》は家族《かぞく》とスペインに移住《いじゅう》してしまう。スアレスは彼女と結婚《けっこん》するため、「ヨーロッパでプレーする」と猛練習《もうれんしゅう》。愛《あい》が世界的《せかいてき》スターをうんだのだ。

トッテナム

15 ハリー・ケイン

敵陣《てきじん》にふきあれ、ゴールをおそうハリケーン

国籍《こくせき》

イギリス(イングランド)

生年月日

1993年7月28日

身長《しんちょう》・体重《たいじゅう》

188センチ・86キロ

能力《のうりょく》パラメータ

ヒーローの証《あかし》

- プレミアリーグで２年連続得点王《れんぞくとくてんおう》
- 代表《だいひょう》デビュー戦最速《せんさいそく》「出場79秒《びょう》で初得点《はつとくてん》」を記録《きろく》
- ファンがえらぶ2016-2017シーズンのリーグMVP《エムブイピー》

主《おも》な所属《しょぞく》チームと受賞歴《じゅしょうれき》	**チーム** トッテナム→レイトン・オリエント→ミルウォール→ノリッジ・シティ→レスター・シティ→トッテナム（すべてイングランド） **受賞** プレミアリーグ得点王《とくてんおう》（2016年、2017年）、プレミアリーグベストイレブン（2015～2017年）

"ゴールの嵐《あらし》"をうむ、DF《ディフェンダー》泣《な》かせの点《てん》取《と》り屋《や》

はげしい暴風雨《ぼうふうう》で深刻《しんこく》な被害《ひがい》をもたらす熱帯低気圧《ねったいていきあつ》「ハリケーン」。いま、このハリケーンの名でプレミアリーグのDF《ディフェンダー》たちからおそれられているのがトッテナムのFW《フォワード》、ハリー・ケインだ。まさにハリケーンのような勢《いきお》いでディフェンスを突破《とっぱ》し、ゴールの嵐《あらし》。世界的《せかいてき》な点取《てんと》り屋《や》がそろうプレミアリーグで2年連続《れんぞく》の得点王《とくてんおう》にかがやいている。

前線でのポストプレーやヘディングにくわえ、エリア外からのミドルシュートも得意《とくい》。さらに、ドリブルやクロスで味方《みかた》の攻撃《こうげき》をサポートすることもできる万能型《ばんのうがた》FWだ。

2015年からはイングランド代《だい》表《ひょう》でも活躍《かつやく》。代表デビュー戦《せん》で決《き》めた「出場79秒《びょう》での初得点《はつとくてん》」は、代表デビュー戦最速記録《さいそくきろく》というオマケつき。その得点力はとどまることを知らず、世界を相手《あいて》に「ハリー・ケイン旋風《せんぷう》」を巻《ま》きおこしている。

伝説《でんせつ》リプレイ

W杯得点王《ワールドカップとくてんおう》にもなった母国の英雄《えいゆう》、ゲイリー・リ※ネカーも「ケインは最高《さいこう》のストライカー」と絶賛《ぜっさん》。

ヒーロー伝説《でんせつ》延長戦《えんちょうせん》

決《き》めるときにはとことん決める爆発力《ばくはつりょく》もケインの魅力《みりょく》。2017年には六度《ど》もハットトリックを達成《たっせい》。チャンピオンズリーグでのハットトリックはイングランド人として史上《しじょう》7人目の快挙《かいきょ》。まだ24歳《さい》で、今後ますます成長《せいちょう》しそう。

※ゲイリー・リネカー…1986年W杯得点王《ワールドカップとくてんおう》。日本《にほん》の名古屋《なごや》グランパスでもプレーした。

エバートン

16 ウェイン・ルーニー

ファンに愛《あい》される「悪童《あくどう》」ストライカー

ヒーローの証《あかし》

- プレミアリーグ史上《しじょう》ふたり目のリーグ200得点《とくてん》
- イングランド代表《だいひょう》通算出場数歴代《れきだい》２位《い》（119試合）、通算得点数《とくてんすう》は歴代１位（53得点）

国《こく》 籍《せき》

イギリス（イングランド）

生年月日

1985年10月24日

身長《しんちょう》・体重《たいじゅう》

176センチ・83キロ

能力《のうりょく》パラメータ

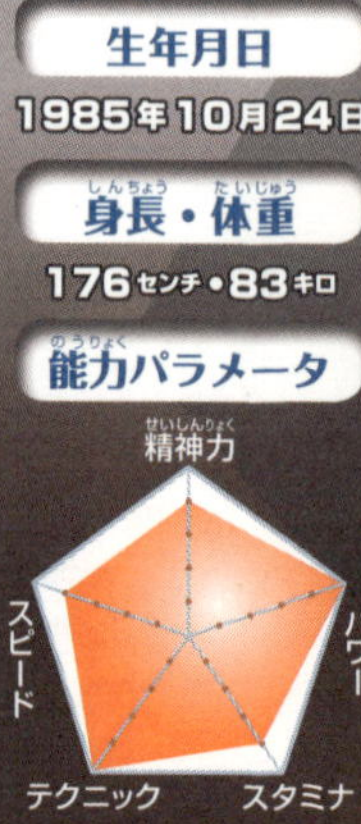

主《おも》な所属《しょぞく》チームと受賞歴《じゅしょうれき》	**チーム** エバートン→マンチェスター・ユナイテッド→エバートン（すべてイングランド） **受賞** クラブW杯《ワールドカップ》MVP《エムブイピー》（2008年）、イングランド年間MVP（2010年）、クラブW杯得点王《とくてんおう》（2008年）、世界《せかい》ベストイレブン（2011年）、プレミアリーグベストイレブン（2006年、2010年、2012年）

むかし悪童《あくどう》、いま英雄《えいゆう》 母国が誇《ほこ》る点取《てんと》り屋《や》

サッカーの母国、イングランドの代表《だいひょう》キャプテンをつとめ、歴代最多《れきだいさいた》のゴールを決《き》めた男、ウェイン・ルーニー。いまでこそ「母国の英雄《えいゆう》」とよばれているが、若《わか》いころは「悪《あく》童《どう》」とよばれ、とにかくやんちゃなことで有名《ゆうめい》。試合《しあい》ではラフプレーが多く、プライベートでもスピード違反《いはん》などで何度《なんど》も警察《けいさつ》のお世話《せわ》になった。

だが、その悪童ぶりをゆるしたくなるのは、だれよりも決定力《けっていりょく》があり、守備《しゅび》もさぼらず一生懸命《いっしょうけんめい》走る選手《せんしゅ》だったから。世界的強豪《せかいてききょうごう》クラブのマンチェスター・ユナイテッドで決めた公式戦《こうしきせん》通算253ゴールは、イングランド史上最高《しじょうさいこう》の選手といわれるボ※ビー・チャールトンを抜《ぬ》いてクラブ歴代《れきだい》1位《い》だ。2017年からはプロデビューした思い出のクラブ、エバートンに移籍《いせき》。かつての悪童ぶりを知るファンからの声援《せいえん》を受《う》け、まだまだゴールを決めている。

伝説《でんせつ》リプレイ

けんかやお酒《さけ》のトラブルは当たり前。トイレじゃない場所でおしっこをして問題《もんだい》になったことも！

ヒーロー伝説《でんせつ》延長戦《えんちょうせん》

チャンピオンズリーグ制覇《せいは》やプレミアリーグ優勝《ゆうしょう》5回など数多くの栄光《えいこう》を手にしたルーニーがうしなってしまったもの、それが髪《かみ》の毛。そこでルーニーは植《しょく》毛《もう》を決意《けつい》。その様子《ようす》をファンに報告《ほうこく》したことで「勇気《ゆうき》ある男」とたたえられた。

※ボビー・チャールトン…自国開催《かいさい》のイングランドW杯《ワールドカップ》で母国初《はつ》の優勝《ゆうしょう》に貢献《こうけん》するなど、偉業《いぎょう》ばかりの伝説《でんせつ》の選手《せんしゅ》。

ワールドサッカーストーリーズ

サッカーのうまれ故郷《こきょう》

イングランドのサッカー

「サッカーの母国」とよばれるイングランド。ではなぜ、サッカーはイングランドでうまれ、世界《せかい》に広まったのだろうか？　現代《げんだい》のサッカー人気の秘密《ひみつ》は歴史《れきし》にかくされている。

世界最古《せかいさいこ》のサッカー協会《きょうかい》とサッカーのルールの誕生《たんじょう》

イングランド、と聞いて「イギリスとはちがうの？」と疑問《ぎもん》をもつ人もいるかもしれない。まずはその関係性《かんけいせい》と歴史《れきし》をふりかえってみよう。

イギリスは、イングランド、ウェールズ、スコットランド、北《きた》アイルランドの4つの地域《ちいき》からなる※連合《れんごう》王国だ。このうち、イングランドではずっとむかしから「体をぶつけあってボールをうばいあうスポーツ」が人気だった。ただ、地方ごと、学校ごとに独自《どくじ》のルールで行われていたため、1863年、バラバラだったルールをひとつにまとめようと、世《せ》

※連合《れんごう》王国…「ユニオンジャック」とよばれるイギリスの国旗も、４つの地域《ちいき》のうち、ウェールズをのぞいた３地域の旗《はた》を組みあわせたデザインになっている。

界最古《かいさいこ》のサッカー協会《きょうかい》「ザ・フットボール・アソシエーション（FA《エフエー》）」が誕生《たんじょう》。このとき、現代《げんだい》サッカーのルールの原型《げんけい》ができたことから、イングランドが「サッカーの母国」とよばれるようになった。

その後、ウェールズ、スコットランド、北アイルランドでも次《つぎ》つぎにサッカー協会が誕生。1904年にできた国際《こくさい》サッカー連盟《れんめい》（F《フ》I《ィ》F《フ》A《ア》）よりも歴史が古いことから、いまでもその存在《そんざい》が尊重《そんちょう》され、特例《とくれい》として4地域それぞれにW杯などへの出場がみとめられているのだ。

カップ戦《せん》もリーグ戦もイングランドが世界《せかい》最古《さいこ》

サッカーのルールをつくったイングランドは、「産業革命《さんぎょうかくめい》」とよばれる技術革新《ぎじゅつかくしん》でも、世界《せかい》をリードした。とくに、蒸気機関車《じょうききかんしゃ》と蒸気船《じょうきせん》の登場《とうじょう》で、はなれた土地に住《す》む人どうしの交流《こうりゅう》が活発化《かっぱつか》。各地《かくち》でさまざまな対《たい》抗戦《こうせん》が行われるようになると、1871年には世界最古《せかいさいこ》のカップ戦「F《エフ》A《エー》カップ」が誕生《たんじょう》。1888年には、現在《げんざい》のプレミアリーグのもとになる、世界最古のリーグ戦「フットボールリーグ」もスタートした。

このリーグ戦を支《ささ》えたのが、産業革命によってふえた労働者《ろうどうしゃ》の存在《そんざい》。仕事《しごと》のつかれや不満《ふまん》を忘《わす》れるための娯楽《ごらく》として人気をよび、各地《かくち》で熱狂《ねっきょう》的《てき》なサポーターをうんだのだ。

W杯《ワールドカップ》での戦績《せんせき》

過去《かこ》10大会《たいかい》

1978年	アルゼンチン大会	ヨーロッパ予選敗退《よせんはいたい》
1982年	スペイン大会	2次《じ》リーグ敗退《はいたい》
1986年	メキシコ大会	ベスト8
1990年	イタリア大会	4 位《い》
1994年	アメリカ大会	ヨーロッパ予選敗退《よせんはいたい》
1998年	フランス大会	ベスト16
2002年	日本・韓国《かんこく》大会	ベスト8
2006年	ドイツ大会	ベスト8
2010年	南《みなみ》アフリカ大会	ベスト16
2014年	ブラジル大会	グループリーグ敗退《はいたい》

歴代通算《れきだいつうさん》

本戦出場	14回	優勝	1回	準優勝	0回

最近《さいきん》の基本《きほん》フォーメーション
〔3-4-2-1〕

「前線《ぜんせん》にロングボール」というむかしながらのスタイルから、最近《さいきん》はパスサッカーを意識《いしき》するように。

労働者《ろうどうしゃ》がもとめたスタイル〝ロングボールとぶつかりあい〟

熱狂的《ねっきょうてき》なサポーターは、イングランドのサッカーにさまざまな影響《えいきょう》をあたえた。労働者《ろうどうしゃ》たちがむかしながらの〝体をぶつけあうスタイル〟を求《もと》めたことで、リーグ戦《せん》でも前線《ぜんせん》にロングボールを蹴《け》りこみ、FW《フォワード》が肉《にく》弾戦《だんせん》のすえにゴールを決《き》めるスタイルが定着《ていちゃく》。マンチェスター・ユナイテッドやチェルシー、アーセナルなど、人気クラブもふえていった。

サッカー人気が高まる一方で、熱狂的なファンの一部《いちぶ》が「フーリガン」とよばれる暴力集団《ぼうりょくしゅうだん》に発展《はってん》。以前《いぜん》のスタジアムはすべて立ち見席《せき》だった

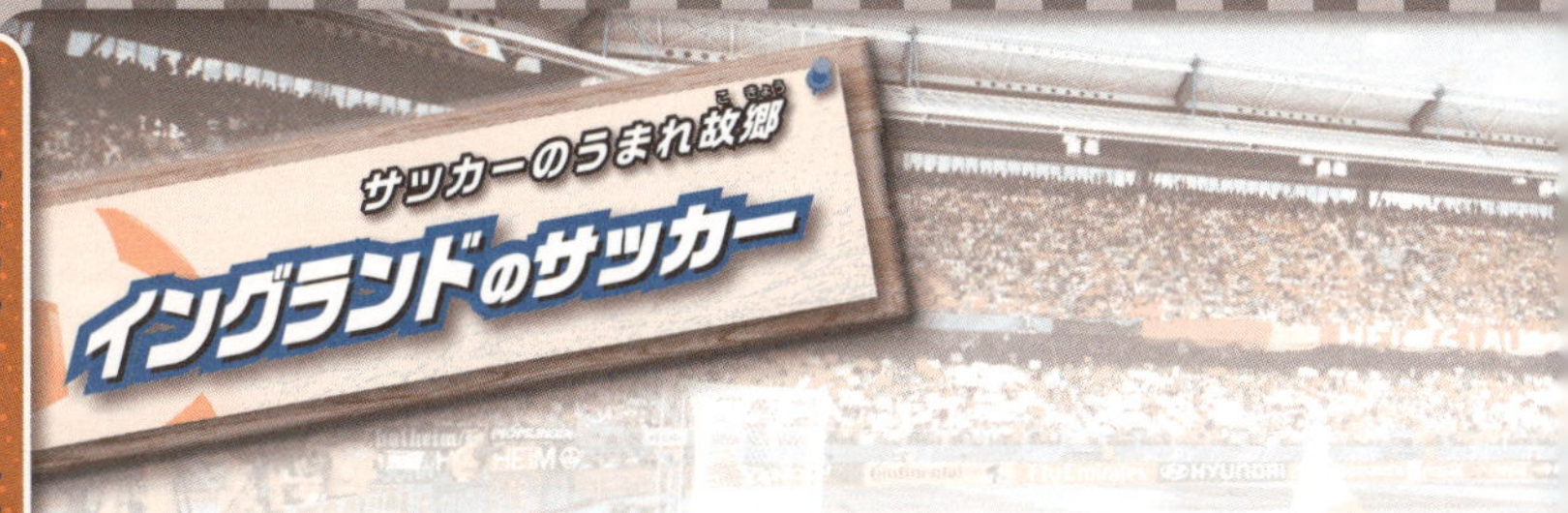

サッカーのうまれ故郷《こきょう》
イングランドのサッカー

ため、一般客《いっぱんきゃく》とフーリガンがもみくちゃになって死者《ししゃ》が出る悲劇《ひげき》がおきてしまう。このマイナスイメージをぬぐいさるため、1992年に誕生《たんじょう》したのがプレミアリーグだ。二度《ど》と危険《きけん》な事故《じこ》がおきないよう、すべての観客席を着席式《ちゃくせきしき》にし、女性《じょせい》や子どもでも安心《あんしん》して楽しめるよう、テレビ放映《ほうえい》にも力を入れた。その結果《けっか》、フーリガンの数は激減《げきげん》。世界《せかい》でも人気のリーグへと発展したのだ。

「サッカーの母国」という ゆずれないプライド

そんなイングランドの代表《だいひょう》チームはというと、W杯優勝《ワールドカップゆうしょう》は自国開催《かいさい》だった1966年のイングランド大会での1回だけ。この大会以外《いがい》、W杯だけでなくヨーロッパ選手権《せんしゅけん》でも、決勝進出《けっしょうしんしゅつ》すらできていない状況《じょうきょう》だ。イングランド、ウェールズ、スコットランド、北《きた》アイルランドが、「イギリス代表」としてひとつになれば最強《さいきょう》チームができるのに、という声もあるが、〝母国のプライド〟からか、W杯をめぐる戦《たたか》いでは一度《ど》も実現《じつげん》していない。

ただ、プレミアリーグが誕生《たんじょう》して以降《いこう》、日本でも人気のデイビッド・ベッカムや、「悪童《あくどう》」ウェイン・ルーニーといった世界的《せかいてき》スター選手《せんしゅ》が次《つぎ》つぎに登場《とうじょう》し、リーグのレベルも安定《あんてい》して高い。母国のプライドをかけた戦いは、これからも要注目《ようちゅうもく》だ。

アトレティコ・マドリード

17

フェルナンド・トーレス

大舞台《おおぶたい》でかがやく 神《かみ》に愛《あい》された男

国籍《こくせき》

スペイン

生年月日

1984年3月20日

身長《しんちょう》・体重《たいじゅう》

186センチ・79キロ

能力《のうりょく》パラメータ

ヒーローの証《あかし》

- ユーロ2008で、チーム優勝《ゆうしょう》にみちびく決勝《けっしょう》ゴール。ユーロ2012では得点王《とくてんおう》に
- 「プレミアリーグでもっとも好《す》きな選手《せんしゅ》」で1位《い》に

主《おも》な所属《しょぞく》チームと受賞歴《じゅしょうれき》

チーム アトレティコ・マドリード（スペイン）→リバプール（イングランド）→チェルシー（イングランド）→ACミラン（イタリア）→アトレティコ・マドリード 受賞 ユーロ得点王《とくてんおう》（2012年）、世界《せかい》ベストイレブン（2008年、2009年）、プレミアリーグベストイレブン（2008年、2009年）

ファンも神《かみ》も夢中《むちゅう》になるスペインの貴公子《きこうし》

数あるヨーロッパリーグのなかでも、とくに攻撃的《こうげきてき》なことで知られるスペインのリーガ・エスパニョーラ。世界中《せかいじゅう》からスーパースターが集《あつ》まるこのリーグにおいて、10代《だい》のころから活躍《かつやく》してきたスペイン人FW《フォワード》がフェルナンド・トーレスだ。アトレティコ・マドリードでは19歳《さい》の若《わか》さでキャプテンに。華麗《かれい》なジャンピングボレーなどでファンの心をつかみ、抜群《ばつぐん》の得点力《とくてんりょく》とモデルのような顔立ちから、「スペインの貴公子《きこうし》」として人気をよんだ。

そんな貴公子の、もうひとつのよび名が、「神《かみ》に愛《あい》された男」。ユーロ2008では決勝《けっしょう》ゴールを決《き》め、スペイン代表の44年ぶりの優勝《ゆうしょう》に貢献《こうけん》。またユーロ2012ではベンチスタートにもかかわらず3得点1アシストを決め、大会得点王にかがやいた。ここぞの場面《ばめん》での決定力《けっていりょく》こそが、神に愛された証拠《しょうこ》なのだ。

伝説《でんせつ》リプレイ

「プレミアリーグでもっとも好《す》きな選手《せんしゅ》は？」というアンケートで、見事《みごと》に1位《い》にもなったイケメンぶり。

ヒーロー伝説《でんせつ》延長戦《えんちょうせん》

5歳《さい》でサッカーをはじめたトーレス少年。熱中《ねっちゅう》するようになったのは『キャプテン翼《つばさ》』にあこがれたから。「ぼくはオリベル（翼のスペイン名）になりたかったんだ。ぼくと日本の出会いはそれが最初《さいしょ》さ」と、自身《じしん》の原点を語っている。

チェルシー

18

アルバロ・モラタ

強者《きょうしゃ》が集《つど》うスペインの次期《じき》エース候補《こうほ》

レアル二冠《かん》の功労者《こうろうしゃ》

190センチ近い長身《ちょうしん》をいかしたヘディングにくわえ、スピードのあるドリブルも得意《とくい》なスペイン人FW《フォワード》。19歳《さい》以下《いか》、21歳以下のヨーロッパ選手権《せんしゅけん》で連続《れんぞく》得点王《とくてんおう》にかがやくなど将来《しょうらい》を期《き》待《たい》されてきた逸材《いつざい》だ。2016―2017シーズンは、レアル・マドリードでリーグ優勝《ゆうしょう》とチャンピオンズリーグ優勝の二冠《かん》をはたしている。

国籍《こくせき》

スペイン

生年月日

1992年10月23日

身長《しんちょう》・体重《たいじゅう》

189センチ・85キロ

能力《のうりょく》パラメータ

主《おも》な所属《しょぞく》チームと受賞歴《じゅしょうれき》	チーム　レアル・マドリード（スペイン）→ユベントス（イタリア）→レアル・マドリード→チェルシー（イングランド）

パリ・サンジェルマン

19 キリアン・ムバッペ

世界《せかい》をさわがす ニュー・スター

その才能《さいのう》に争奪戦《そうだつせん》

2015年冬に16歳《さい》の若《わか》さでトップチームデビューをはたしたキリアン・ムバッペ。翌《よく》シーズンには公式戦《こうしきせん》で26ゴールの活躍《かつやく》を見せ、モナコの17年ぶりとなるリーグ・アン制覇《せいは》に力を尽《つ》くした。その実績《じっせき》からバルセロナやレアル・マドリードなど、有名《ゆうめい》クラブが争奪戦《そうだつせん》をくりひろげたすえ、パリ・サンジェルマンに活躍の場をうつしている。

主《おも》な所属《しょぞく》チームと受賞歴《じゅしょうれき》	
チーム	モナコ（モナコ公国《こうこく》）→パリ・サンジェルマン（フランス）
受賞	リーグ・アンベストイレブン（2017年）、リーグ・アン最優秀若手《さいゆうしゅうわかて》選手賞《せんしゅしょう》（2017年）

国籍《こくせき》
フランス

生年月日
1998年12月20

身長《しんちょう》・体重《たいじゅう》
178センチ・67キロ

能力《のうりょく》パラメータ

アトレティコ・マドリード

20

アントワン・グリエスマン

2014

ヒーローの証《あかし》

- ユーロ2016で大会得点王《たいかいとくてんおう》とMVP《エムブイピー》
- 2017年のチャンピオンズリーグで決《き》めたジャンピングボレーが「漫画《まんが》のようなシュート」と話題《わだい》に

国籍《こくせき》

フランス

生年月日

1991年3月21日

身長《しんちょう》・体重《たいじゅう》

175センチ・71キロ

能力《のうりょく》パラメータ

主《おも》な所属《しょぞく》チームと受賞歴《じゅしょうれき》	
チーム	レアル・ソシエダ→アトレティコ・マドリード（いずれもスペイン）
受賞	ユーロMVP《エムブイピー》（2016年）、リーガ・エスパニョーラMVP（2016年）、ユーロ得点王《とくてんおう》（2016年）、ユーロベストイレブン（2016年）

ベッカムにあこがれ、成長《せいちょう》した〝やせっぽっち〟

世界《せかい》で活躍《かつやく》するような選手《せんしゅ》は、幼《おさな》いころに才能《さいのう》を見いだされることがほとんど。だが、フランス代表《だいひょう》のサイドアタッカー、アントワン・グリエスマンは〝チビでやせっぽっち〟という理由《りゆう》で、何十ものクラブの入《にゅう》団《だん》テストに落第《らくだい》しつづけた。だが、13歳《さい》のとき、スペインのレアル・ソシエダのスカウトに見いだされると、外国での寮生活《りょうせいかつ》という苦労《くろう》にたえ、才能を開花《かいか》させたのだ。

　そんなグリエスマンのあこがれは、右サイドからの正確《せいかく》なクロスで世界的《せかいてき》プレーヤーとなったイングランドの英雄《えいゆう》、※デイビッド・ベッカム。いつでも長袖《ながそで》&《アンド》背番号《せばんごう》7という〝ベッカム・スタイル〟をまねしながら一流選手《いちりゅうせんしゅ》へとのぼりつめた。ベッカムとちがうのは左ききなことと、高い得点能力《とくてんのうりょく》。ユーロ2016では6ゴールを決《き》め、大会得点王とMVP《エムブイピー》にかがやいている。

伝説《でんせつ》リプレイ

ベッカムが好《す》きすぎるグリエスマン。「いつか話してみたい」と語るほど、いまでもアイドル的存在《てきそんざい》。

ヒーロー伝説《でんせつ》延長戦《えんちょうせん》

サッカー以外《いがい》にも、作家、歌手、雑誌編集者《ざっしへんしゅうしゃ》といった多彩《たさい》な顔をもつグリエスマン。なかでも好《す》きなのが、小さいころから親しんできた競馬《けいば》で、競《きょう》走馬《そうば》の馬主《ばぬし》でもある。休暇《きゅうか》になるたび、馬の様子《ようす》を見にいくほど夢中《むちゅう》だ。

※デイビッド・ベッカム…元イングランド代表《だいひょう》。日本でも絶大《ぜつだい》な人気を誇《ほこ》った世界的《せかいてき》なサッカーアイドル。もちろん実力《じつりょく》も世界レベル。

レアル・マドリード

21 カリム・ベンゼマ

めざすのはいつも
「最高《さいこう》のベンゼマ」

国籍《こくせき》

フランス

生年月日

1987年12月19日

身長《しんちょう》・体重《たいじゅう》

187センチ・79キロ

能力《のうりょく》パラメータ

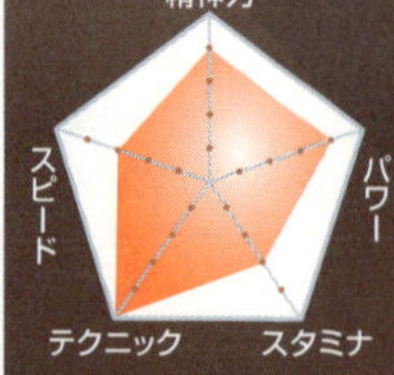

2014

ヒーローの証《あかし》

- 2007－2008シーズンのリーグ・アン得点王《とくてんおう》
- 2年連続《れんぞく》でフランス年間最優秀選手賞《さいゆうしゅうせんしゅしょう》を受賞《じゅしょう》
- 史上《しじょう》6人目のチャンピオンズリーグ50得点《とくてん》

主《おも》な所属《しょぞく》チームと受賞歴《じゅしょうれき》

チーム リヨン（フランス）→レアル・マドリード（スペイン）

受賞 フランス年間MVP《エムブイピー》（2011年、2012年、2014年）、リーグ・アンMVP（2008年）、リーグ・アン得点王《とくてんおう》（2008年）、リーグ・アンベストイレブン（2008年）

“ロナウド”と縁《えん》のあるフランスの怪物FW《かいぶつフォワード》

かつて、ブラジル代表《だいひょう》でもレアル・マドリードでも数多くのゴールを決《き》めた怪物FW《かいぶつフォワード》、ロナウド。彼《かれ》にあこがれ、一流選手《いちりゅうせんしゅ》へとのぼりつめたのが、豪快《ごうかい》なシュートとゲームメークもできる繊細《せんさい》なテクニックが売《う》りのカリム・ベンゼマだ。

フランスのリヨン時代、得点王《とくてんおう》にかがやく活躍《かつやく》でクラブをリーグ連覇《れんぱ》にみちびくと、2009年、ロナウドも所属《しょぞく》したあこがれのクラブ、レアル・マドリードに移籍《いせき》。このとき、おなじタイミングでレアルに移籍し、ベンゼマとコンビを組むことになったのが、永遠《えいえん》のヒーローとおなじ名をもつ、クリスティアーノ・ロナウドだ。レアルはこの最強《さいきょう》コンビの力で、2009年以降《いこう》、リーグ優《ゆう》勝《しょう》2回、チャンピオンズリーグ（CL）優勝も3回達成《たっせい》。ベンゼマは、CLにおける「フランス人最多得点《じんさいたとくてん》記録《きろく》」を更新《こうしん》しつづけている。

伝説《でんせつ》リプレイ

ベンゼマとベイル、クリロナの強力スリートップは、名前の頭文字《かしらもじ》から「BBC《※ビービーシー》」とよばれている。

ヒーロー伝説《でんせつ》延長戦《えんちょうせん》

レアルに加入《かにゅう》した1年目は結果《けっか》が残《のこ》せなかったベンゼマ。翌《よく》シーズン、「ファンに“最高《さいこう》のベンゼマ”を披露《ひろう》する」と約束《やくそく》すると、その言葉どおり26ゴールという好成績《こうせいせき》。“最高のベンゼマ”はファンの間で人気フレーズになった。

※BBC《ビービーシー》…カリム・ベンゼマ（Karim Benzema）のB、ギャレス・ベイル（Gareth Bale）のB、クリスティアーノ・ロナウド（Cristiano Ronaldo）のCからつけられた。イギリスの国営放送《こくえいほうそう》の略称《りゃくしょう》が、おなじ「BBC」だ。

レアル・マドリード

22 ギャレス・ベイル

国《こく》　籍《せき》

イギリス(ウェールズ)

生年月日

1989年7月16日

身長《しんちょう》・体重《たいじゅう》

183センチ・74キロ

能力《のうりょく》パラメータ

ヒーローの証《おかし》

- FIFA《フィファ》認定《にんてい》の「世界一《せかいいち》ドリブルが速《はや》い選手《せんしゅ》」
- 名門レアル・マドリードのスリートップのひとり
- クラブW《ワールド》杯《カップ》で得点王《とくてんおう》の決定力《けっていりょく》

主《おも》な所属《しょぞく》チームと受賞歴《じゅしょうれき》	チーム サウサンプトン（イングランド）→トッテナム（イングランド）→レアル・マドリード（スペイン） 受賞 ウェールズ年間MVP《エムブイピー》（2010年、2011年、2013～2016年）、プレミアリーグ年間MVP（2011年、2013年）、プレミアリーグベストイレブン（2011～2013年）クラブW杯得点王《ワールドカップとくてんおう》（2014年）

ドリブルもパスも得点《とくてん》もなんでもできる超FW《スーパーフォワード》

FW《フォワード》の仕事《しごと》、と聞くと「点を決《き》めることだけ」と思われがち。だが、ドリブル突破《とっぱ》ができてクロスの精度《せいど》も高く、フリーキックもパスも超一《ちょういち》流《りゅう》で、さらに得点力《とくてんりょく》もある、なんでもできるスーパーFWもいる。それがレアル・マドリードのギャレス・ベイルだ。デビュー当時は左サイドバックだったが、やがて左サイドのMF《ミッドフィルダー》を、次《つ》いでトップ下をまかされるようになり、ついには世界的名門クラブのFWとしてプレーするようになった。年齢《ねんれい》があがるにつれてポジションがうしろに下がることはあっても、ベイルのようにどんどん前にかわるのはとてもめずらしい。

なんでもできるベイルだが、とくにすごいのがドリブル。2015年のFIFA《フィファ》の調査によると、世界の一流選手《いちりゅうせんしゅ》のなかで、もっともドリブルが速《はや》かったのがベイル。まさにスピードスターだ。

伝説《でんせつ》リプレイ

ベイルのドリブルの最高速度《さいこうそくど》は時速《じそく》36.9キロ。自転車《じてんしゃ》でも平均《へいきん》時速は20～30キロ。おそるべき速《はや》さだ。

ヒーロー伝説《でんせつ》延長戦《えんちょうせん》

ドリブルが速《はや》いベイルは、デビューもとても早かった。16歳《さい》と275日でプロデビューすると、その約《やく》1か月後の16歳と315日でウェールズ史《し》上最年少《じょうさいねんしょう》での代表《だいひょう》デビュー。代表史上最年少ゴール記録《きろく》もつくっている。

バイエルン・ミュンヘン

23 アリエン・ロッベン

ありえん速《はや》さでかけぬける オランダのスピードスター

国《こく》籍《せき》

オランダ

生年月日

1984年1月23日

身長《しんちょう》・体重《たいじゅう》

180センチ・80キロ

能力《のうりょく》パラメータ

ヒーローの証《あかし》

- バイエルン・ミュンヘンのチャンピオンズリーグ制覇《せいは》やブンデスリーガ史上初《しじょうはつ》の５連覇《れんぱ》に貢献《こうけん》
- 所属《しょぞく》した４つのリーグすべてで優勝《ゆうしょう》を経験《けいけん》

主《おも》な所属《しょぞく》チームと受賞歴《じゅしょうれき》	
チーム	フローニンゲン（オランダ）→PSV（オランダ）→チェルシー（イングランド）→レアル・マドリード（スペイン）→バイエルン・ミュンヘン（ドイツ）
受賞	ドイツ年間MVP《エムブイピー》（2010年）、W《ワールド》杯《カップ》ベストイレブン（2014年）

ドイツでよみがえった「ガラス細工の魔術師《まじゅつし》」

100メートルを10秒台《びょうだい》で走る左ききの超快足《ちょうかいそく》ウインガー※、アリエン・ロッベン。オランダ時代《じだい》に名将《めいしょう》フース・ヒディンク※監督《かんとく》のもとで頭角《とうかく》をあらわし、イングランドのチェルシーではリーグ連覇《れんぱ》を達成《たっせい》。高い評価《ひょうか》を受《う》けてスペインのレアル・マドリードへと移籍《いせき》した。だが、爆発《ばくはつ》的《てき》なスピードは自分の体にもダメージが大きく、筋肉《きんにく》をいためてベンチをはずれること10回以上《いじょう》。「ガラス細工の魔術師《まじゅつし》」という、うれしくない異名《いみょう》でよばれ、わずか2年でレアルを去《さ》ることになった。

しかし、2009年に移籍したドイツのバイエルン・ミュンヘンで、ロッベンは見事《みごと》に復活《ふっかつ》。加入《かにゅう》したシーズン、MVP《エムブイピー》の活躍《かつやく》でチームのリーグ優勝《ゆうしょう》をあとおし。その後も、チャンピオンズリーグ制覇《せいは》やブンデスリーガ初《はつ》の5連覇など、いくつもの栄光をバイエルンにもたらしている。

伝説《でんせつ》リプレイ

2017年10月に代表引退《だいひょういんたい》を表明《ひょうめい》。「ガラスの男にしては長くつづけられたと思う」とみずから語った。

ヒーロー伝説《でんせつ》 延長戦《えんちょうせん》

世界《せかい》には、わかっていてもとめられない絶対《ぜったい》の武器《ぶき》をもつ選手《せんしゅ》がいる。ドリブルで中央《ちゅうおう》に切れこんでシュートを打《う》つ「カットイン」を得意《とくい》とするロッベンもそのひとり。一瞬《いっしゅん》のスピードで相手《あいて》を抜《ぬ》きさり、数多くのゴールをうみだしている。

※ウインガー…左右両《りょう》サイドに配置《はいち》されるFW《フォワード》のポジション「ウイング」の別名《べつめい》。
※フース・ヒディンク…就任《しゅうにん》したクラブに栄光《えいこう》をもたらすオランダサッカー界《かい》の名監督《めいかんとく》。韓国代表《かんこくだいひょう》やオーストラリア代表をひきいて、チームを強くした。

フェイエノールト

24 ロビン・ファン・ペルシー

わが道をつきすすむ「オランダの至《し》宝《ほう》」

国《こく》　籍《せき》

オランダ

生年月日

1983年8月6日

身長《しんちょう》・体重《たいじゅう》

183センチ・71キロ

能力《のうりょく》パラメータ

ヒーローの証《あかし》

- クラブをかえながら、２シーズン連続《れんぞく》でプレミアリーグ得点王《とくてんおう》となったストライカー
- オランダ代表《だいひょう》での通算得点歴代《とくてんれきだい》１位《い》

主《おも》な所属《しょぞく》チームと受賞歴《じゅしょうれき》	**チーム** フェイエノールト（オランダ）→アーセナル（イングランド）→マンチェスター・ユナイテッド（イングランド）→フェネルバフチェ（トルコ）→フェイエノールト **受賞** プレミアリーグ年間MVP《エムブイピー》（2012年）、プレミアリーグ得点王《とくてんおう》（2012年、2013年）、プレミアリーグベストイレブン（2012年、2013年）

相手《あいて》がだれでも動《どう》じない強心臓《きょうしんぞう》のストライカー

サッカー界《かい》にはさまざまなライバル関係《かんけい》がある。プレミアリーグで何《なん》度《ど》も優勝《ゆうしょう》あらそいをくりひろげてきたマンチェスター・ユナイテッドとアーセナルとの関係は、その代表《だいひょう》例《れい》。そして、この両方《りょうほう》のクラブで結果《けっか》を出したのが、「オランダの至《し》宝《ほう》」ロビン・ファン・ペルシーだ。

アーセナルのキャプテンに就任《しゅうにん》した2011—2012シーズン、ファン・ペルシーは30ゴールを決《き》めて得点王《とくてんおう》に。ところが翌《よく》シーズン、あろうことかライバルのユナイテッドに移籍《いせき》。ときにブーイングの嵐《あらし》にさらされるきびしいプレッシャーのなかで26ゴールを決め、見事《みごと》2年連続《れんぞく》の得点王を達成《たっせい》。12年間のプロ生活で初《はつ》となるリーグ優勝《ゆうしょう》のタイトルも手にいれた。

この得点力と強心臓《きょうしんぞう》ぶりはオランダ代表でも発揮《はっき》され、代表歴代《れきだい》1位《い》となる通算50ゴールを決めている。

伝説《でんせつ》リプレイ

移籍後《いせきご》、はじめてアーセナルのホームで行われた試合《しあい》でも、ファン・ペルシーは冷静《れいせい》にPK《ピーケー》を決《き》めた。

ヒーロー伝説《でんせつ》延長戦《えんちょうせん》

芸術家《げいじゅつか》の両親《りょうしん》のもとでそだち、ストリートサッカーに明けくれる少年時代《しょうねんじだい》をすごしたファン・ペルシー。自由《じゆう》すぎる性格《せいかく》は、ときに“問題児《もんだいじ》”として注目《ちゅうもく》を集《あつ》めてしまうが、創造力豊《そうぞうりょくゆた》かなプレーの源《みなもと》にもなっているのはたしかだ。

サッカー革命《かくめい》をおこした自由《じゆう》の国

オランダのサッカー

ワールドサッカーストーリーズ

世界一《せかいいち》になったことがなくても、サッカー界にあたえた衝撃《しょうげき》は世界一。それがオランダだ。「天才」クライフと仲間《なかま》たちの冒険《ぼうけん》は、サッカーをより魅力的《みりょくてき》なものにした。

ヨーロッパの小国にねむるサッカーの古い歴《れき》史《し》

面積《めんせき》は日本の九州《きゅうしゅう》ほどしかないヨーロッパの小さな国、オランダ。だが、17世紀《せいき》から18世紀にかけては「オランダ海上帝国《かいじょうていこく》」ともよばれ、貿易《ぼうえき》の国として栄《さか》えていた。とくに、海をはさんだおとなりの国、イングランドとの貿易はさかんで、イングランドでルールが統一《とういつ》されてからわずか2年後の1865年には、はやくもサッカーが伝来《でんらい》。すぐに小学校の授業《じゅぎょう》に取《と》りいれられて国中に広まり、1879年には最初《さいしょ》のクラブが誕生《たんじょう》。サッカーに関《かん》しては、古い歴《れき》史《し》をもつ国といえる。

オランダが世界《せかい》にもたらした「トータル・フットボール」

貿易《ぼうえき》という他国《たこく》との交流《こうりゅう》で栄《さか》えたオランダは、さまざまな文化《ぶんか》や人種《じんしゅ》を受《う》けいれる「自由《じゆう》な国」となった。そのため、歴代《れきだい》の代表《だいひょう》チームもトルコやアフリカ系《けい》など、さまざまな地《ち》域《いき》の人びとを祖先《そせん》にもつ選手《せんしゅ》が多い。

また、海にかこまれた小さな国土を広げるために、風車を利用《りよう》して土地を開拓《かいたく》したり、国のせまさを逆手《さかて》にとって車よりもエコな※自転車《じてんしゃ》が多かったりと、「柔軟《じゅうなん》な発想《はっそう》」を駆使《くし》する国民性《こくみんせい》も特徴的《とくちょうてき》だ。

そして、この「自由」と「柔軟な発想」こそが、世界《せかい》に衝撃《しょうげき》をあたえるオランダ独自《どくじ》のサッカー戦術《せんじゅつ》をうみだすことにつながった。GK《ゴールキーパー》以外《いがい》のすべての選手《せんしゅ》が流《なが》れるようなポジションチェンジをくりかえすことで、全員《ぜんいん》で攻撃《こうげき》し、全員で守備《しゅび》を行う、「トータル・フットボール」だ。

前線からのはげしい守備、サイドバックの攻撃参加《さんか》、高いDF《ディフェンダー》ラインといった、現代《げんだい》サッカーでは当たり前の戦術も、このトータル・フットボールからうまれた。実現《じつげん》するためには、すべての選手におなじだけのテクニックとスタミナが必要《ひつよう》で、さらに、選手全員をまとめる人物《じんぶつ》が必《ひつ》要《よう》だ。このむずかしい役目《やくめ》を難《なん》なくこなしてみせたのが、「サッカー界の革命者《かくめいしゃ》」ヨハン・クライフだった。

※自転車《じてんしゃ》が多かったり…オランダは、国民《こくみん》ひとりあたりの自転車保有率《ほゆうりつ》が世界一《せかいいち》。

W杯《ワールドカップ》での戦績《せんせき》

過去《かこ》10大会《たいかい》

1978年	アルゼンチン大会	準《じゅん》優《ゆう》勝《しょう》
1982年	スペイン大会	ヨーロッパ予選敗退《よせんはいたい》
1986年	メキシコ大会	ヨーロッパ予選敗退《よせんはいたい》
1990年	イタリア大会	ベスト16
1994年	アメリカ大会	ベスト8
1998年	フランス大会	4位《い》
2002年	日本・韓国《かんこく》大会	ヨーロッパ予選敗退《よせんはいたい》
2006年	ドイツ大会	ベスト16
2010年	南《みなみ》アフリカ大会	準《じゅん》優《ゆう》勝《しょう》
2014年	ブラジル大会	3位《い》

歴代通算《れきだいつうさん》

本戦出場	10回	優勝	0回	準優勝	3回

最近《さいきん》の基本《きほん》フォーメーション〔4-3-3〕

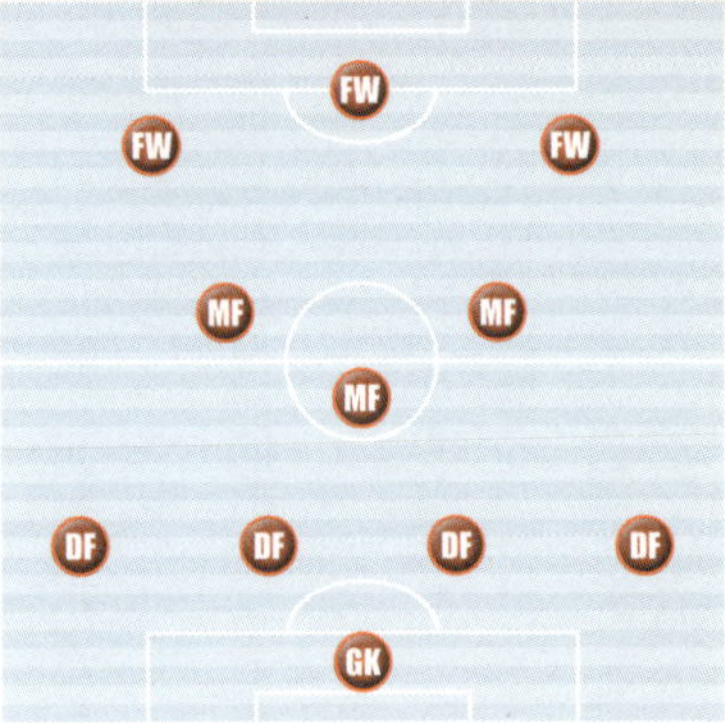

オランダといえば「4-3-3」が伝統《でんとう》。少年時代《じだい》からこのフォーメーションを基本《きほん》に練習《れんしゅう》している。

天才クライフの革命《かくめい》と受《う》けついだ「オランダトリオ」

1971年から1973年にかけ、クライフのいたアヤックスが、※チャンピオンズカップで3連覇《れんぱ》を達《たっ》成《せい》。このときのチーム戦術《せんじゅつ》がトータル・フットボールだった。

1974年、※西《にし》ドイツW杯《ワールドカップ》に挑《いど》んだオランダ代表《だいひょう》も、最強《さいきょう》アヤックスのメンバーが中心。決勝《けっしょう》ではチームの心臓《しんぞう》であるクライフを徹底《てってい》マークしてきた地元・西ドイツにやぶれてしまったが、大会期間中《きかんちゅう》の話題《わだい》はオランダサッカーのことでもちきり。いまでもこの大会は、開催国《かいさいこく》で優勝《ゆうしょう》した西ドイツよりも、「オランダの

※チャンピオンズカップ…いまのチャンピオンズリーグのもとになったカップ戦《せん》。
※西《にし》ドイツ…1949年から1990年まで東西に分裂《ぶんれつ》していたドイツの、西側《にしがわ》の地域《ちいき》。

サッカー革命《かくめい》をおこした自由《じゆう》の国

オランダのサッカー

大会」として、世界のサッカーファンに記憶《きおく》されているほどだ。

そんなオランダも、クライフが引《いん》退《たい》すると低迷期《ていめいき》へ。だが、指導者《しどうしゃ》のレベルが高く、国としてすぐれた若《わか》手育成方法《ていくせいほうほう》があるため、新しい才能《さいのう》がすぐに登場《とうじょう》。また、クラブチームから代表まで、多くのチームでおなじフォーメーション（DF《ディフェンダー》4人、M《ミッド》F《フィルダー》3人、FW《フォワード》3人の4—3—3）で指導するため、だれが代表になっても高いレベルを発揮《はっき》できるのがオランダサッカー。1988年のヨーロッパ選手権《せんしゅけん》（ユーロ）では、イタリア・セリエA《アー》のミラン黄金時代《おうごんじだい》を支《ささ》えた「オランダトリオ」、ルート・フリット、フランク・ライカールト、マルコ・ファン・バステンの活躍《かつやく》でついに初《はつ》のヨーロッパ王者《おうじゃ》となった。

自由《じゆう》な国・オランダが世界一《せかいいち》になれないワケ

だが、ユーロ初優勝以降《はつゆうしょういこう》、W杯《ワールドカップ》でもユーロでも、オランダはいつも優勝候補《こうほ》に名前があがるのに、一度《ど》も優勝できていない。最後《さいご》の最後で勝《か》ちきれない原因《げんいん》のひとつといわれているのが、皮肉《ひにく》にも「自由《じゆう》」であること。選手《せんしゅ》の自主性《じしゅせい》を尊重《そんちょう》するため、チームの和《わ》が乱《みだ》れやすいのだ。だからこそ、ふたたびクライフのような絶対的《ぜったいてき》なリーダーが登場《とうじょう》すれば、すぐにでもオランダが世界《せかい》のトップになる日がやってくるはずだ。

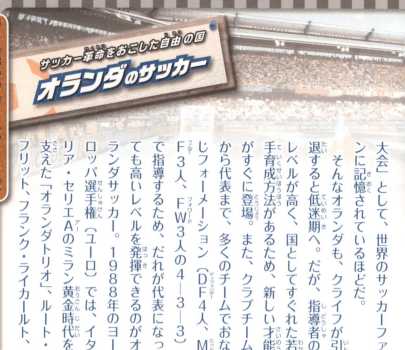

レアル・マドリード

25 クリスティアーノ・ロナウド

メッシとならびたつ 世界最高《せかいさいこう》の「CR7《シーアールセブン》」

ヒーローの証《あかし》

- バロンドール5回はメッシとならぶ歴代《れきだい》1位《い》
- ユーロ2016でポルトガルを初優勝《はつゆうしょう》にみちびく
- チャンピオンズリーグ史上初《しじょうはつ》の100得点突破《とくてんとっぱ》

国籍《こくせき》

ポルトガル

生年月日

1985年2月5日

身長《しんちょう》・体重《たいじゅう》

185センチ・80キロ

能力《のうりょく》パラメータ

主《おも》な所属《しょぞく》チームと受賞歴《じゅしょうれき》

チーム スポルティング（ポルトガル）→マンチェスター・ユナイテッド（イングランド）→レアル・マドリード（スペイン） **受賞** バロンドール（2008年、2013年、2014年、2016年、2017年）、ヨーロッパ年間MVP（2014年、2016年、2017年）、プレミアリーグ年間MVP（2007年、2008年）、クラブW杯得点王《ワールドカップとくてんおう》（2016年）、プレミアリーグ得点王（2008年）、世界《せかい》ベストイレブン（2007～2017年）、プレミアリーグベストイレブン（2006～2009年）

長所《ちょうしょ》だらけで弱点《じゃくてん》ゼロ 天下無双《てんかむそう》の怪物《かいぶつ》クリロナ

メッシとならぶ「世界最高《せかいさいこう》の選手《せんしゅ》」といえば、ポルトガル代表《だいひょう》でもレアル・マドリードでも王様《おうさま》のように君臨《くんりん》する〝クリロナ〟こと、クリスティアーノ・ロナウドだ。18歳《さい》のとき、練習試合《れんしゅうじあい》で対戦《たいせん》したマンチェスター・ユナイテッドに才能《さいのう》をみとめられ、すぐに移籍《いせき》が決定《けってい》。クラブの象徴《しょうちょう》ともいえたデイビッド・ベッカムの背番号《せばんごう》7をあたえられると、すぐにゴールを連発《れんぱつ》。「CR7《シーアールセブン》」の愛称《あいしょう》で人気を集《あつ》め、一流《いちりゅう》プレーヤーの仲間入《なかまい》りをはたした。

クリロナのすごさは、鋼《はがね》のように体が強く、快速《かいそく》ドリブルや無回転《むかいてん》FK《フリーキック》といった武器《ぶき》もあり、両足《りょうあし》で豪快《ごうかい》なシュートが打《う》ててヘディングも強い、と弱点《じゃくてん》がないところ。世界一の選手にあたえられる「バロンドール」はメッシとならび、通算五度《ど》の受賞《じゅしょう》。30歳をこえてもおとろえ知らずの怪物《かいぶつ》なのだ。

伝説《でんせつ》リプレイ

2015年、新たに発見された銀河《ぎんが》が「CR7《シーアールセブン》」と命名《めいめい》されたほど、クリロナのかがやきはスター級《きゅう》なのだ。

ヒーロー伝説《でんせつ》延長戦《えんちょうせん》

クリロナの特徴《とくちょう》といえば完璧《かんぺき》な肉体美《にくたいび》。その見事《みごと》すぎる腹筋《ふっきん》から、「毎日《まいにち》腹筋3000回」という都市伝説《としでんせつ》がうまれたほど。さすがにそこまではしないようだが、腹筋トレーニング機器《きき》の開発《かいはつ》にもたずさわったことで有名《ゆうめい》だ。

バイエルン・ミュンヘン

26

ロベルト・レバンドフスキ

国《こく》　籍《せき》

ポーランド

生年月日

1988年8月21日

身長《しんちょう》・体重《たいじゅう》

185センチ・79キロ

能力《のうりょく》パラメータ

ヒーローの証《あかし》

- ブンデスリーガのことなるふたつのクラブで得点王《とくてんおう》
- ポーランド代表《だいひょう》史《し》上《じょう》最多《さいた》の 52 得点《とくてん》
- W 杯《ワールドカップ》ヨーロッパ予選《よせん》最多《さいた》ゴール記録《きろく》（16 得点《とくてん》）

主《おも》な所属《しょぞく》チームと受賞歴《じゅしょうれき》	チーム ズニチュ・プルシュクフ（ポーランド）→レフ・ポズナン（ポーランド）→ドルトムント（ドイツ）→バイエルン・ミュンヘン（ドイツ） 受賞 ポーランド年間MVP《エムブイピー》（2011～2016年）、ブンデスリーガ得点王（2014年、2016年）

9分間で5得点《とくてん》！ 4つのギネスをもつ男

FW《フォワード》にもとめられるモノ。それは、チームを優勝《ゆうしょう》にみちびくゴールだ。その意味《いみ》でいま、世界《せかい》でも指《ゆび》おりのFWといえるのがロベルト・レバンドフスキだ。ドイツのブンデスリーガでは、これまでにボルシア・ドルトムントとバイエルン・ミュンヘンに所属《しょぞく》。ドルトムントではリーグ連《れん》覇《ば》、バイエルンではリーグ3連覇をなしとげ、どちらのクラブでも得点《とくてん》王《おう》を獲得《かくとく》している。

その決定力《けっていりょく》の高さを証明《しょうめい》した試合《しあい》が、2015年9月のボルフスブルク戦《せん》。途中出場《とちゅうしゅつじょう》したレバンドフスキは、なんとプレー開始《かいし》3分22秒《びょう》でハットトリックを達成《たっせい》。その後も得点はとまらず、9分間で5ゴールも決《き》めてしまう。これにより、リーグ最《さい》速《そく》ハットトリック、最速4得点、最速5得点、途中出場での1試合最多得点、という4つのギネス※世界記録《せかいきろく》に同時にかがやいたのだ。

伝説《でんせつ》リプレイ

記録達成後《きろくたっせいご》、「家に記録《きろく》の盾《たて》を飾《かざ》る場所《ばしょ》を見つけなくては」とコメント。豪邸《ごうてい》に住《す》んでるくせに……。

ヒーロー伝説《でんせつ》 延長戦《えんちょうせん》

代表戦《だいひょうせん》でもゴールハンターのレバンドフスキ。2017年までにポーランド代表史上最多《だいひょうしじょうさいた》52得点《とくてん》。ロシアW杯出場《ワールドカップしゅつじょう》をかけたヨーロッパ予選《よせん》では16得点を決《き》めた。これは1大会におけるW杯ヨーロッパ予選最多得点記録《きろく》だ。

※ギネス世界記録《せかいきろく》…地球《ちきゅう》のあらゆる世界一を認定《にんてい》する団体《だんたい》「ギネスワールドレコーズ」がみとめた記録。

マンチェスター・ユナイテッド

27

ズラタン・イブラヒモビッチ

ピッチを支配《しはい》する北海の王

国《こく》　籍《せき》

スウェーデン

生年月日

1981年10月3日

身長《しんちょう》・体重《たいじゅう》

195センチ・95キロ

能力《のうりょく》パラメータ

ヒーローの証《おかし》

- 史上初《しじょうはつ》の「ことなる7クラブでヨーロッパチャンピオンズリーグ出場」の大記録《だいきろく》を達成《たっせい》
- スウェーデン代表歴代最多得点《だいひょうれきだいさいたとくてん》（62得点）

主《おも》な所属《しょぞく》チームと受賞歴《じゅしょうれき》	**チーム** マルメ（スウェーデン）→アヤックス（オランダ）→ユベントス（イタリア）→インテル・ミラノ（イタリア）→バルセロナ（スペイン）→AC《エーシー》ミラン（イタリア）→パリ・サンジェルマン（フランス）→マンチェスター・ユナイテッド（イングランド） **受賞** セリエA《アー》年間MVP（2008年、2009年、2011年）、リーグ・アン年間MVP（2013年、2014年、2016年）、セリエA得点王《とくてんおう》（2009年、2012年）、リーグ・アン得点王（2013年、2014年、2016年）、世界《せかい》ベストイレブン（2013年）

まさに優勝請負人《ゆうしょううけおいにん》！ 伝説《でんせつ》となったズラタン王《おう》

現役選手《げんえきせんしゅ》でもっとも「王」の称号《しょうごう》がにあう男、それがズラタン・イブラヒモビッチだ。オランダ、イタリア、スペインの3か国、5つのクラブをわたりあるきながら、2011年まで8シーズン連続《れんぞく》でリーグ王者《おうじゃ》に君臨《くんりん》。その後、フランスのリーグ・アンでは4連覇《れんぱ》。カップ戦《せん》もふくめると、今世紀《こんせいき》になって優勝《ゆうしょう》をのがしたのは2012年だけ。おまけにセリエA《アー》で2回、リーグ・アンで3回も得点王《とくてんおう》にかがやいている。

その決定力《けっていりょく》の高さから、「支配《しはい》する」という意味合《いみあ》いで、「ズラタンする」という言葉《ことば》がフランスやスウェーデンで流行語《りゅうこうご》になったほど。2016年、「王としてやってきて、伝説《でんせつ》として去《さ》る」という言葉とともに、今度《こんど》はイングランドへ。「35歳《さい》で15得点以上《いじょう》」のプレミアリーグ最《さい》年長記録《ねんちょうきろく》をつくり、王の健在《けんざい》ぶりを見せつけている。

伝説《でんせつ》リプレイ

「ズラタンする」はフランスのテレビ局《きょく》がつくった言葉《ことば》。スウェーデンでは新語として辞書《じしょ》にものった。

ヒーロー伝説《でんせつ》延長戦《えんちょうせん》

少年時代《しょうねんじだい》に習《なら》ったテコンドー※のおかげか、どんな体勢《たいせい》からでもアクロバティックなシュートを決《き》めてしまうイブラヒモビッチ。代表戦《だいひょうせん》でもゴールを決めまくり、通算62ゴールはスウェーデン代表の歴代最多得点記録《れきだいさいたとくてんきろく》だ。

※テコンドー…韓国《かんこく》でうまれた、多彩《たさい》な足技《あしわざ》が特徴《とくちょう》の格闘技《かくとうぎ》。オリンピック種目《しゅもく》にもなっている。

マンチェスター・ユナイテッド

28

ロメル・ルカク

破壊力《はかいりょく》バツグンの
重戦車級《じゅうせんしゃきゅう》ストライカー

2014

国籍《こくせき》

ベルギー

生年月日

1993年5月13日

身長《しんちょう》・体重《たいじゅう》

190センチ・94キロ

能力《のうりょく》パラメータ

ヒーローの証《あかし》

- プレミアリーグでも過去《かこ》に4人しかいない「23歳以下《さいいか》での通算50ゴール」の5人目の達成者《たっせいしゃ》
- ベルギー代表歴代最多《だいひょうれきだいさいた》得点《とくてん》を更新中《こうしんちゅう》

主《おも》な所属《しょぞく》チームと受賞歴《じゅしょうれき》	
チーム	アンデルレヒト（ベルギー）→チェルシー（イングランド）→ウェスト・ブロムウィッチ（イングランド）→エバートン（イングランド）→マンチェスター・ユナイテッド（イングランド）
受賞	ベルギーリーグ得点王《とくてんおう》（2010年）、プレミアリーグベストイレブン（2017年）

名門期待《きたい》のストライカー男・ルカクに死角《しかく》なし

屈強《くっきょう》な体をいかしたポストプレー※と重戦車《じゅうせんしゃ》のような突破力《とっぱりょく》、さらには、爆発的《ばくはつてき》なシュート力を武器《ぶき》に、24歳《さい》の若《わか》さでベルギー代表歴代最多《だいひょうれきだいさいた》得点《とくてん》を記録《きろく》したのがロメル・ルカクだ。わずか16歳でベルギーリーグ最年少得点王にかがやくと、18歳でプレミアリーグへ移籍《いせき》。２０１６年には「23歳以下での通算50ゴール」という、リーグ史上《しじょう》5人目の偉大《いだい》な記録を達成《たっせい》した。

過去《かこ》にこの記録を打《う》ちたてたのはクリスティアーノ・ロナウドやウェイン・ルーニーなど、超一流選手《ちょういちりゅうせんしゅ》ばかり。しかも、彼《かれ》らは全員《ぜんいん》、優勝《ゆうしょう》あらそいにからむ上位《じょうい》クラブ所属《しょぞく》だったが、ルカクの場合は中堅《ちゅうけん》クラブ。それだけに大いにたたえられ、ついに上位クラブの象徴《しょうちょう》ともいうべき、マンチェスター・ユナイテッドへの移籍をはたした。ルカク伝説《でんせつ》は、ここからが真骨頂《しんこっちょう》だ。

伝説《でんせつ》リプレイ

ユナイテッドへ移籍《いせき》したルカクは、デビューから10試合《しあい》で11ゴール。見事《みごと》に期待《きたい》にこたえてみせた。

ヒーロー伝説《でんせつ》延長戦《えんちょうせん》

父は元サッカー選手《せんしゅ》で、弟のジョルダン・ルカクもベルギー代表《だいひょう》のDF《ディフェンダー》としてプレーするサッカー家族《かぞく》。じつは従兄弟《いとこ》にもすごい選手がいて、名前はボリ・ボリンゴリ＝ンボンボ。舌《した》をかみそうなこの名前も、ぜひ覚《おぼ》えておこう！

※ポストプレー…相手《あいて》ゴールに背中《せなか》をむけながら味方《みかた》のパスを受《う》け、次《つぎ》の攻撃《こうげき》につなげるプレー。

リバプール

29

サディオ・マネ

電光石火《でんこうせっか》で点を取《と》る！
セネガルうまれの超新星《ちょうしんせい》

国《こく》　籍《せき》

セネガル

生年月日

1992年4月10日

身長《しんちょう》・体重《たいじゅう》

175センチ・69キロ

能力《のうりょく》パラメータ

ヒーローの証《あかし》

- プレミア最速《さいそく》２分56秒《びょう》でのハットトリック達成《たっせい》
- 名門リバプール加入《かにゅう》１年目にしてクラブ年間MVP《エムブイピー》とリーグベストイレブンを同時受賞《じゅしょう》

主《おも》な所属《しょぞく》チームと受賞歴《じゅしょうれき》

チーム メス（フランス）→ザルツブルク（オーストリア）→サウサンプトン（イングランド）→リバプール（イングランド）

受賞 プレミアリーグベストイレブン（2017年）

だれにもマネられないスピード出世《しゅっせ》と大記録《だいきろく》

身体能力《しんたいのうりょく》にすぐれた選手《せんしゅ》が多く、"才能《さいのう》の宝庫《ほうこ》"といわれるアフリカのサッカー界《かい》。このアフリカ出身選手でとくに注目《ちゅうもく》されているのが、セネガル代表《だいひょう》FW《フォワード》、サディオ・マネだ。

サッカーシューズも買えないまずしい家庭《かてい》出身だったが、ボロボロの靴《くつ》で受《う》けたテストでだれもがおどろくプレーを見せ、才能《さいのう》を見こまれてヨーロッパへ。2014年、22歳《さい》でプレミアリーグに移籍《いせき》すると、翌年《よくとし》にはプレミア最速記録《さいそくきろく》となる出場2分56秒《びょう》でのハットトリックを達成《たっせい》。だれにもマネできない大記録として話題《わだい》となった。

2016年、クラブ史上最高額《しじょうさいこうがく》の移籍金《いせききん》、約《やく》45億《おく》円で名門リバプールへ。抜群《ばつぐん》のスピードをいかしたドリブル突破《とっぱ》を武器《ぶき》にゴールをうみだしつづけ、クラブ年間MVP《エムブイピー》とリーグベストイレブンにえらばれる活躍《かつやく》を見せている。

伝説《でんせつ》リプレイ

セネガルでは「小さなダイヤモンド」とよばれるマネ。そだちはまずしくても、可能性《かのうせい》は無限大《むげんだい》だ。

ヒーロー伝説《でんせつ》延長戦《えんちょうせん》

マネのスピードにほれこんだのが、リバプールのユルゲン・クロップ監督《かんとく》。じつはドイツのドルトムントで監督をしていた2014年にもマネ獲得《かくとく》に動《うご》いたが契約《けいやく》ならず。2年後、クラブはかわったがようやく実現《じつげん》した"想《おも》い人《びと》"との対面《たいめん》だった。

フェニックス・ライジング

30

ディディエ・ドログバ

国まで動《うご》かす
決定力《けっていりょく》と発言力《はつげんりょく》

国《こく》籍《せき》
コートジボワール

生年月日
1978年3月11日

身長《しんちょう》・体重《たいじゅう》
189センチ・85キロ

能力《のうりょく》パラメータ

アフリカの英雄《えいゆう》

プレミアリーグ得点王《とくてんおう》など、多くの栄光《えいこう》を手にし、「アフリカの英雄《えいゆう》」とよばれるドログバ。コートジボワール代表《だいひょう》がW杯《ワールドカップ》初《はつ》出場《しゅつじょう》を決《き》めた直後、内戦《ないせん》のつづく母国へむけて、「武器《ぶき》をおき、心をひとつにしましょう」とうったえ、本当に内戦をとめてしまった。アメリカでは「世界でもっとも影響力《えいきょうりょく》のある100人」のひとりとして評価《ひょうか》された。

主《おも》な所属《しょぞく》チームと受賞歴《じゅしょうれき》	
チーム	ル・マン（フランス）→ギャンガン（フランス）→マルセイユ（フランス）→チェルシー（イングランド）→上海申花《シャンハイシェンファ》（中国《ちゅうごく》）→ガラタサライ（トルコ）→チェルシー→モントリオール・インパクト（カナダ）→フェニックス・ライジング（アメリカ）
受賞	アフリカ年間MVP《エムブイピー》（2006年、2009年）、リーグ・アン年間MVP（2004年）、プレミアリーグ得点王《とくてんおう》（2007年、2010年）

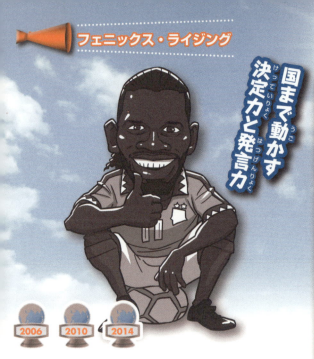

31 ピエール・エメリク・オーバメヤン

ドルトムント

世界最速《せかいさいそく》"以上《いじょう》"の超《ちょう》スピードスター

国籍《こくせき》

ガボン

生年月日

1989年6月18

身長《しんちょう》・体重《たいじゅう》

187センチ・80キ

能力《のうりょく》パラメータ

ガボンの星

30メートル走でなら100メートル走世界記録保持者《せかいきろくほじしゃ》のウサイン・ボルト※より速《はや》いといわれる。その快足《かいそく》をいかし、アフリカ年間MVP《エムブイピー》やブンデスリーガ得点王《とくてんおう》を獲得《かくとく》。強豪国《きょうごうこく》のイタリアかフランスかの代表《だいひょう》になる資《し》格《かく》もあったが、ガボン代表をえらんだ。そんな国の英雄《えいゆう》を、ガボンの大統領《だいとうりょう》は「子どもたちのよきお手本」と絶賛《ぜっさん》している。

主《おも》な所属《しょぞく》チームと受賞歴《じゅしょうれき》	チーム ディジョン（フランス）→リール（フランス）→モナコ（モナコ公国《こうこく》）→サンテティエンヌ（フランス）→ドルトムント（ドイツ）
	受賞 アフリカ年間MVP《エムブイピー》（2015年）、ブンデスリーガ得点王《とくてんおう》（2017年）

※ウサイン・ボルト…100メートル9秒《びょう》58の世界記録《せかいきろく》をもつ陸上界《りくじょうかい》の英雄《えいゆう》。ドルトムントの入団《にゅうだん》テストを受《う》け、プロサッカー選手《せんしゅ》になる計画も。

マンチェスター・ユナイテッド

32

アレクシス・サンチェス

チリが誇《ほこ》る
小さな英雄《えいゆう》

ハットトリック男

セリエA《アー》、リーガ・エスパニョーラ、プレミアリーグの3つのリーグでハットトリックを達《たっ》成《せい》した史上初《しじょうはつ》の選手《せんしゅ》がアレクシス・サンチェスだ。169センチと小柄《こがら》ながら身体能力《しんたいのうりょく》が高く、サイドから中央《ちゅうおう》へ切れこんで打《う》つシュートが得意《とくい》。チリ代《だい》表歴代最多得点《ひょうれきだいさいたとくてん》の記録《きろく》をぬりかえつづけ、コパ・アメリカ大会※連覇《れんぱ》の原動力《げんどうりょく》となっている。

国《こく》籍《せき》

チリ

生年月日

1988年12月19日

身長《しんちょう》・体重《たいじゅう》

169センチ・62キロ

能力《のうりょく》パラメータ

主《おも》な所属《しょぞく》チームと受賞歴《じゅしょうれき》	**チーム** コブレロア（チリ）→ウディネーゼ（イタリア）→コロコロ（チリ）→リーベルプレート（アルゼンチン）→バルセロナ（スペイン）→アーセナル（イングランド）→マンチェスター・ユナイテッド（イングランド） **受賞** コパ・アメリカMVP《エムブイピー》（2016年）、プレミアリーグベストイレブン（2015年）

※コパ・アメリカ…南《みなみ》アメリカ大陸《たいりく》の強国どうしであらそわれる世界《せかい》でもっとも古い大陸選手権《たいりくせんしゅけん》。

モナコ

33

ラダメル・ファルカオ

昔《むかし》ながらの点《てん》取《と》り屋《や》

ゴール以外《いがい》にも、チャンスメークや守備《しゅび》など、さまざまな役《やく》割《わり》がもとめられる現代《げんだい》のFW《フォワード》。そんななか「世界《せかい》で最後《さいご》の偉大《いだい》な典型的《てんけいてき》センターFW《フォワード》」とよばれるのがファルカオだ。敵《てき》ゴール前に陣取《じんど》り、得意《とくい》の瞬発力《しゅんぱつりょく》をいかしたヘディングで点を取《と》りまくる昔《むかし》ながらのスタイルで、コロンビア代表歴代最多得点《だいひょうれきだいさいたとくてん》の記録《きろく》を更新《こうしん》しつづけている。

国《こく》籍《せき》
コロンビア

生年月日
1986年2月10

身長《しんちょう》・体重《たいじゅう》
177センチ・72キロ

能力《のうりょく》パラメータ

主《おも》な所属《しょぞく》チームと受賞歴《じゅしょうれき》	
チーム	リーベルプレート（アルゼンチン）→ポルト（ポルトガル）→アトレティコ・マドリード（スペイン）→モナコ（モナコ公国《こうこく》）→マンチェスター・ユナイテッド（イングランド）→チェルシー（イングランド）→モナコ

ワールドサッカーストーリーズ

歴史《れきし》をかえたレジェンドたち

サッカー界《かい》の王様《おうさま》・神様《かみさま》

世界一《せかいいち》の人気を誇《ほこ》るスポーツ、サッカー。そんないまがあるのは過去《かこ》の偉人《いじん》たちのおかげ。そのなかから、サッカーのあり方までもかえた20世紀《せいき》の偉人たちを紹介《しょうかい》する。

「サッカーの王様《おうさま》」ペレ

ブラジル代表《だいひょう》のエースとしてW杯《ワールドカップ》で三度《ど》優勝《ゆうしょう》。「サッカーの王様《おうさま》」とよばれ、生涯《しょうがい》1281ゴールはFI《フィ》FA《ファ》もみとめた世界最高記録《せかいさいこうきろく》だ。ペレをとめるために悪質《あくしつ》なラフプレーがふえ、その対策《たいさく》としてイエローカードとレッドカード、つまり、警告《けいこく》と退場《たいじょう》というルールが導入《どうにゅう》されたほど。また、ペレが10番をつけて活躍《かつやく》したことで「背番号《せばんごう》10＝エースナンバー」というイメージが強くなった。ペレ引退後《いんたいご》、ブラジルが24年間も世界一から遠ざかったことが、王様の偉大《いだい》さをより強烈《きょうれつ》に印象《いんしょう》づけた。

「神《かみ》の子」 ディエゴ・マラドーナ

身長《しんちょう》165センチほどの小さな体にもかかわらず、信《しん》じられないテクニックで世界《せかい》のサッカーファンを魅《み》了《りょう》。なかでも「伝説《でんせつ》の試合《しあい》」とよばれているのが1986年W杯《ワールドカップ》イングランド戦《せん》。相手《あいて》ゴール前の空中戦《くうちゅうせん》で、ヘディングとみせかけて左手で得《とく》点《てん》。のちに「神《かみ》の手ゴール」とよばれるこの得点がみとめられ騒然《そうぜん》となったが、その直後、今度《こんど》はセンターライン付近《ふきん》から約《やく》60メートルをドリブル突破《とっぱ》。5人を抜《ぬ》いてゴール。アルゼンチンはこの大会で優勝《ゆうしょう》し、マラドーナは「神《かみ》の子」とたたえられた。

「空飛《と》ぶオランダ人」 ヨハン・クライフ

ブラジル相手《あいて》に華麗《かれい》なジャンピング・ボレーシュートを決《き》め、「空飛《と》ぶオランダ人」とよばれた人物《じんぶつ》。いまでは当たり前の全員攻撃《ぜんいんこうげき》・全員守《しゅ》備《び》の戦術《せんじゅつ》「トータル・フットボール」を成功《せいこう》させた選手《せんしゅ》としても知られ、オランダのアヤックスでは1971年からヨーロッパ3連覇《れんぱ》を達成《たっせい》。オランダ代表《だいひょう》でも1974年W杯《ワールドカップ》で準《じゅん》優勝《ゆうしょう》。バロンドールを三度《ど》受賞《じゅしょう》した。現在《げんざい》、多くの選手が使うフェイント技術《ぎじゅつ》「クライフ・ターン」を考案《こうあん》するなど、「サッカー界《かい》の革命家《かくめいか》」ともよばれ、監督《かんとく》としても成功《せいこう》した。

「皇帝《こうてい》」フランツ・ベッケンバウアー

　1970年代《だい》、バイエルン・ミュンヘンで四度《ど》優勝《ゆうしょう》を達成《たっせい》し、ブンデスリーガの強豪《きょうごう》クラブにおしあげた人物《じんぶつ》。バロンドールも二度受賞《じゅしょう》。「皇帝《こうてい》」と称《しょう》されたリーダーシップで攻撃《こうげき》でも守備《しゅび》でも活躍《かつやく》し、西《にし》ドイツ代表《だいひょう》のW杯《ワールドカップ》優勝《ゆうしょう》に貢献《こうけん》。DF《ディフェンダー》ラインのうしろから攻撃を組みたてる「リベロ（自由《じゆう》な人）」という役割《やくわり》を確《かく》立《りつ》した選手だ。それまでの「DFは守備の専門職《せんもんしょく》」という常識《じょうしき》をくつがえし、サッカーの戦術の幅《はば》を広げることに成功《せいこう》した。のちに監督《かんとく》でも西ドイツをW杯優勝にみちびいている。

歴史《れきし》をかえたレジェンドたち
サッカー界《かい》の王様《おうさま》・神様《かみさま》

「将軍《しょうぐん》」
ミシェル・プラティニ

広い視野《しや》とすぐれたテクニックをもち、「オーケストラの指揮者《しきしゃ》のようだ」とも称《しょう》されたゲームメーカー。史上《しじょう》はじめて3年連続《れんぞく》でバロンドールを受賞《じゅしょう》した選手《せんしゅ》で、MF《ミッドフィルダー》でありながら得点能力《とくてんのうりょく》も抜群《ばつぐん》。1984年のヨーロッパ選手権《せんしゅけん》では毎試合得点《まいしあいとくてん》の9ゴールをあげる活躍《かつやく》で得点王となり、フランスにはじめてのビッグタイトルをもたらした。「将軍《しょうぐん》」とよばれたリーダーシップは引退後《いんたいご》も健在《けんざい》で、ヨーロッパサッカー連盟《れんめい》の会長に就任《しゅうにん》。チャンピオンズリーグの改革《かいかく》など政治的手腕《せいじてきしゅわん》も発揮《はっき》した。

「金髪《きんぱつ》の矢《や》」
アルフレッド・ディ・ステファノ

1950年代《だい》後半、チャンピオンズカップ5連覇《れんぱ》を達成《たっせい》したレアル・マドリード第《だい》一期《き》黄金《おうごん》時代《じだい》のエース。彼《かれ》の活躍《かつやく》がなければ、レアルはいまのようなビッグクラブになっていなかったともいわれる。史上《しじょう》はじめて、バロンドールを複数回受賞《ふくすうかいじゅしょう》するとともに、1989年には歴代最《れきだいさい》優秀選手《ゆうしゅうせんしゅ》「スーパー・バロンドール」にえらばれた、歴史上《れきしじょう》ただひとりの選手《せんしゅ》。王様《おうさま》ペレが、「史上最高はペレかマラドーナだといわれるが、わたしにとって最高の選手はステファノだ!」と語ったほどの名選手だった。

まだまだ語りつくせない 20世紀《せいき》のレジェンドたち

ここまで6人の「20世紀《せいき》の偉人《いじん》」を紹介《しょうかい》したが、もちろんほかにも伝説《でんせつ》の選手《せんしゅ》は大勢《おおぜい》いる。独特《どくとく》な「異名《いみょう》」がつくほど偉大だったレジェンドたちの名を、駆《か》け足《あし》で見ていこう。

1956年、初代《しょだい》バロンドールにえらばれたのが「ドリブルの魔術師《まじゅつし》」とよばれたスタンリー・マシューズ。イングランド史上最高《しじょうさいこう》の選手のひとりで、イギリスの名誉称号《めいよしょうごう》「サー」を授《さず》かった史上初《はつ》の選手だ。

爆発的《ばくはつてき》なスピードで「黒ヒョウ」とよばれたのが、アフリカのモザンビーク出身《しゅっしん》で、ポルトガル代表《だいひょう》のエウゼビオ。1965年にバロンドール獲得《かくとく》。1966年W杯《ワールドカップ》では得点王《とくてんおう》。アフリカ系《けい》選手で最初《さいしょ》のスターだ。

1988年のヨーロッパ選手権《せんしゅけん》でオランダ代表を優勝《ゆうしょう》にみちびいたF《フォ》W《ワード》がマルコ・ファン・バステン。決勝《けっしょう》で決《き》めたボレーシュートは「サッカー史上最高のゴール」と世界《せかい》が絶賛《ぜっさん》。バロンドールを3回受賞《じゅしょう》し、「史上最高のFW」とよばれている。

驚異《きょうい》の攻撃力《こうげきりょく》で「爆撃機《ばくげきき》」とよばれたのが西《にし》ドイツ代表ゲルト・ミュラー。W杯通算14点は、2006年W杯でロナウド（ブラジル）に抜《ぬ》かれるまで32年間歴代《れきだい》1位《い》だった。

たとえ記録《きろく》は抜かれても、彼《かれ》らスターのかがやきはずっと色あせない。

第二章 ～勝利《しょうり》こそ、わが使命《しめい》～

ミッドフィルダー編《へん》

バルセロナ

34 フィリペ・コウチーニョ

ボールを自在《じざい》にあやつる
ブラジルの魔法使《まほうつか》い

国籍《こくせき》

ブラジル

生年月日

1992年6月12日

身長《しんちょう》・体重《たいじゅう》

171センチ・71キロ

能力《のうりょく》パラメータ

ヒーローの証《あかし》

- MF《ミッドフィルダー》にもかかわらず、プレミアリーグでのブラジル人選手最多《せんしゅさいた》ゴール記録《きろく》を更新《こうしん》
- バルセロナが用意《ようい》した移籍金《いせききん》が217億円

主《おも》な所属《しょぞく》チームと受賞歴《じゅしょうれき》	**チーム** バスコ・ダ・ガマ（ブラジル）→インテル（イタリア）→エスパニョール（スペイン）→リバプール（イングランド）→バルセロナ（スペイン） **受賞** プレミアリーグベストイレブン（2015年）

「王国」ブラジルを支《ささ》えるフットサルがうんだ天才

サッカーの中心地ヨーロッパでも、「サッカー王国」ブラジル出身《しゅっしん》の選手《せんしゅ》たちはやはり特別《とくべつ》な存在《そんざい》だ。その代表格《だいひょうかく》としてまず思いうかぶのはスーパースターのネイマール。だが、彼《かれ》をおさえ、「2016年、ヨーロッパでもっとも活躍《かつやく》したブラジル人選手」にえらばれた人物《じんぶつ》がいる。「魔法使《まほうつか》い」と称《しょう》されるテクニックでリバプールの10番をまかされた、フィリペ・コウチーニョだ。

重心《じゅうしん》の低《ひく》いドリブルとフットサルで身《み》につけた巧《たく》みな足技《あしわざ》でプレミアリーグの屈強《くっきょう》なディフェンス陣《じん》を手玉に取《と》る姿《すがた》は、まさに魔法使い。さらに得点力《とくてんりょく》もあって、プレミアリーグでのブラジル人選手最多得点記録《さいたとくてんきろく》をぬりかえつづけた。その才能《さいのう》にほれこんだのが、スペインのバルセロナ。2018年1月、クラブ史上最《しじょうさい》高額《こうがく》の移籍金《いせききん》217億円《おくえん》で、コウチーニョを獲得《かくとく》した。

伝説《でんせつ》リプレイ

コウチーニョの得意技《とくいわざ》といえば、足の裏《うら》を使《つか》ったターン。これはフットサルの代表的《だいひょうてき》なプレーだ。

ヒーロー伝説《でんせつ》延長戦《えんちょうせん》

コウチーニョが16歳《さい》のとき、世界《せかい》のビッグクラブが争奪戦《そうだつせん》をくりひろげ、獲得《かくとく》したのはイタリアのインテル。セリエA《アー》では18歳になるまでプレーできない決《き》まりがあるが、インテルは2年先のために高額《こうがく》な契約金《けいやくきん》をはらったのだ。

35

カゼミーロ

攻守《こうしゅ》をつなぐ母思いの守備職人《しゅびしょくにん》

苦労人《くろうにん》ボランチ

レアル・マドリードとブラジル代表《だいひょう》、超攻撃的《ちょうこうげきてき》なふたつのチームを、すぐれた守備力《しゅびりょく》で支《ささ》えるのが、ボランチのカゼミーロだ。※母子家庭《ぼしかてい》でそだち、経済的《けいざいてき》にとてもきびしい生活だったという少年時代《じだい》。だからこそ、プロ初給料《はつきゅうりょう》で母親に家を購入《こうにゅう》。自分へのごほうびには、ずっと買えなかったあこがれの飲《の》み物《もの》、ヤクルトを大人買《おとながが》いしたという。

国籍《こくせき》

ブラジル

生年月日

1992年2月23日

身長《しんちょう》・体重《たいじゅう》

184センチ・80キロ

能力《のうりょく》パラメータ

主《おも》な所属《しょぞく》チームと受賞歴《じゅしょうれき》	チーム サンパウロ（ブラジル）→レアル・マドリード（スペイン）→ポルト（ポルトガル）→レアル・マドリード

※母子家庭《ぼしかてい》…離婚《りこん》や死別《しべつ》など、さまざまな理由《りゆう》から父親のいない家庭《かてい》。

ドルトムント

36 マリオ・ゲッツェ

ドイツを世界一《せかいいち》にみちびいた「百年にひとりの逸材《いつざい》」

2014

復活《ふっかつ》をめざす天才

18歳《さい》で代表《だいひょう》デビューし、「百年にひとりの逸材《いつざい》」、「ドイツの至宝《しほう》」とよばれてきたゲッツェ。2014年ブラジルW杯《ワールドカップ》ではドイツを優勝《ゆうしょう》にみちびく決勝《けっしょう》ゴールを決《き》め、その評判《ひょうばん》が正しかったことを証明《しょうめい》してみせた。だが、その後はけがや病気《びょうき》の影響《えいきょう》で満《まん》足《ぞく》のいくプレーができていない。ゲッツェはふたたび、ファンの信頼《しんらい》をゲットできるか？

主《おも》な所属《しょぞく》チームと受賞歴《じゅしょうれき》	チーム ドルトムント→バイエルン・ミュンヘン→ドルトムント(すべてドイツ)

国籍《こくせき》
ドイツ

生年月日
1992年6月3日

身長《しんちょう》・体重《たいじゅう》
176センチ・75キロ

能力《のうりょく》パラメータ

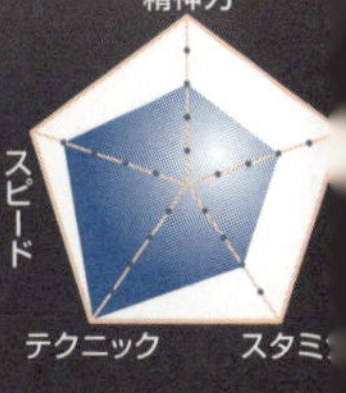

アーセナル

37

メスト・エジル

センスあふれる「サッカー界《かい》のモーツアルト」

ヒーローの証《あかし》

- ブンデスリーガ、リーガ・エスパニョーラ、プレミアリーグの３つのリーグでアシスト王に
- 2010年W《ワールド》杯《カップ》で大会最多《さいた》アシストを記録《きろく》

国籍《こく　せき》

ドイツ

生年月日

1988年10月15日

身長《しんちょう》・体重《たいじゅう》

183センチ・76キロ

能力《のうりょく》パラメータ

主《おも》な所属《しょぞく》チームと受賞歴《じゅしょうれき》	チーム シャルケ（ドイツ）→ブレーメン（ドイツ）→レアル・マドリード（スペイン）→アーセナル（イングランド）

FW《フォワード》も観客《かんきゃく》も酔《よ》わせる現役最強《げんえきさいきょう》のアシスト王

左足からくりだす正確《せいかく》なキックと広い視野《しや》を武器《ぶき》に、決定的《けっていてき》なアシストを連発《れんぱつ》。天才的なひらめきと品《ひん》のあるプレースタイルから、「サッカー界《かい》のモーツァルト」ともよばれているのが、ドイツ代表《だいひょう》不動《ふどう》の司令《しれい》塔《とう》、メスト・エジルだ。2010年南《みなみ》アフリカW杯《ワールドカップ》では大会最多《さいた》アシストを記録《きろく》。4年後のブラジルW杯でも全《ぜん》試合《しあい》に出場し、ドイツに24年ぶりの優勝《ゆうしょう》をもたらした。

そのパスセンスは、ブンデスリーガのブレーメン、リーガ・エスパニョーラのレアル・マドリード、そしてプレミアリーグのアーセナルと、3つのクラブでリーグのアシスト王を獲得《かくとく》するほど。2010―2011シーズンには、26アシストでヨーロッパ全リーグにおけるアシスト王にもなっている。エジルが奏《かな》でる〝パスの音色〟は、ストライカーをかがやかせるのだ。

伝《でん》説《せつ》リプレイ

「モーツァルト」のほか、名前（OZIL《エジル》）のつづりがにていることから「オズ(OZ)の魔法使い《まほうつか》」ともよばれる。

ヒーロー伝説《でんせつ》延長戦《えんちょうせん》

2014年ブラジルW杯《ワールドカップ》での優勝《ゆうしょう》ボーナスから6200万円を、病気《びょうき》で苦《くる》しむブラジルの子ども23人のために寄付《きふ》したエジル。「W杯でブラジルの人たちから受《う》けたおもてなしへの感謝《かんしゃ》の気もちです」と語って感動《かんどう》をよんだ。

レアル・マドリード

38

トニ・クロース

レアルをあやつる ドイツ製《せい》メトロノーム

国籍《こくせき》

ドイツ

生年月日

1990年1月4日

身長《しんちょう》・体重《たいじゅう》

182センチ・78キロ

能力《のうりょく》パラメータ

ヒーローの証《あかし》

- 5年間で世界一《せかいいち》を五度《ど》達成《たっせい》。おなじ年にクラブと代表《だいひょう》で世界一《せかいいち》になった「世界一請負人《せかいいちうけおいにん》」
- 2014年W杯《ワールドカップ》で大会最多《さいた》アシストを記録《きろく》

主《おも》な所属《しょぞく》チームと受賞歴《じゅしょうれき》	**チーム** バイエルン・ミュンヘン（ドイツ）→レヴァークーゼン（ドイツ）→バイエルン・ミュンヘン→レアル・マドリード（スペイン） **受賞** W杯《ワールドカップ》ベストイレブン（2014年）、世界《せかい》ベストイレブン（2014年、2016年、2017年）、ユーロベストイレブン（2016年）

パスで刻《きざ》むリズムで世界一《せかいいち》をもたらす男

いま、もっとも「世界一《せかいいち》」がにあう男、それがドイツ代表《だいひょう》のトニ・クロースだ。2013年12月、バイエルンの選手《せんしゅ》として出場したクラブW《ワールド》杯《カップ》で優勝《ゆうしょう》し、はじめての世界一を経《けい》験《けん》。2014年6月にはドイツ代表としてブラジルW杯を制覇《せいは》。さらに、レアル・マドリードに移籍《いせき》して12月のクラブW杯でも優勝。三度《ど》目《め》の世界王者《おうじゃ》になると同時に、1年のあいだに代表とクラブで三度も世界一にかがやくという大記録《だいきろく》を達成《たっせい》したのだ。その後も2016年と2017年のクラブW杯を制し、通算五度の世界制覇をなしとげている。

そんなクロースの魅力《みりょく》は、長短《ちょうたん》おりまぜる精度《せいど》の高いパス。レアル加入1年目にはパス成功率《せいこうりつ》で驚異《きょうい》の92パーセントを記録。試合《しあい》のリズムをつくる正確《せいかく》すぎるプレーぶりから「サッカー界のメトロノーム」とよばれている。

伝説《でんせつ》リプレイ

2016年、1試合《しあい》で80本すべてのパスに成功《せいこう》し、まさかの「パス成功率《せいこうりつ》100パーセント」を記録《きろく》したことも。

ヒーロー伝説《でんせつ》延長戦《えんちょうせん》

チャンピオンズリーグ優勝後《ゆうしょうご》、移籍《いせき》した別《べつ》のクラブでも優勝をはたしたのはドイツ人ではクロースがはじめて。世界一《せかいいち》の選手《せんしゅ》におくられる「バロンドール」はクロースにこそふさわしい、という声は世界中からあがっている。

バルセロナ

39 アンドレス・イニエスタ

手品師《てじなし》にして頭脳《ずのう》、そしてバルサの最高傑作《さいこうけっさく》

国籍《こくせき》

スペイン

生年月日

1984年5月11日

身長《しんちょう》・体重《たいじゅう》

171センチ・68キロ

能力《のうりょく》パラメータ

ヒーローの証《あかし》

- チャンピオンズリーグの個人優勝《こじんゆうしょう》回数は史上最多《しじょうさいた》の四度《ど》
- 南《みなみ》アフリカW杯《ワールドカップ》で優勝《ゆうしょう》を決《き》めるゴール
- 名門バルセロナ初《はつ》の"生涯契約《しょうがいけいやく》"を結《むす》ぶ

主《おも》な所属《しょぞく》チームと受賞歴《じゅしょうれき》

チーム バルセロナ（スペイン）

受賞 ヨーロッパ年間MVP《エムブイピー》（2012年）、W杯《ワールドカップ》ベストイレブン（2010年）、世界《せかい》ベストイレブン（2009～2017年）

スペインの中心でパスをまわす男

近年、代表戦《だいひょうせん》でもクラブにおける戦《たたか》いでも、世界《せかい》のサッカーをリードするスペイン。そのスペイン代表で、そして何人もの代表選手《せんしゅ》をおくりこむ名門バルセロナで、チームの中心として欠《か》かせない選手が〝バルサの最高傑作《さいこうけっさく》〟とよばれるアンドレス・イニエスタだ。

身長《しんちょう》が171センチと小柄《こがら》ながら、高いテクニックとすぐれた戦術《せんじゅつ》理解力《りかいりょく》で中盤《ちゅうばん》のどこでも超一流《ちょういちりゅう》のプレーを披露《ひろう》。「世界一のMF《ミッドフィルダー》」「スペインの頭脳《ずのう》」「イリュージョニスト（手品師《てじなし》）」など、異名《いみょう》も多い。

チャンピオンズリーグの個人優勝《こじんゆうしょう》回数は史上《しじょう》最多タイの四度《ど》。代表戦でも、ユーロ2008、2010年南《みなみ》アフリカW杯、そしてユーロ2012と、イニエスタが主力《しゅりょく》選手になってからの主《おも》だった3つの国際《こくさい》大会で連《れん》続《ぞく》優勝。スペインは、まさにイニエスタを中心にまわっているのだ。

伝説《でんせつ》リプレイ

8歳《さい》のときには大人《おとな》に混《ま》じってプレーしていたイニエスタ。その才能《さいのう》をみとめられ、12歳でバルサ入り！

ヒーロー伝説《でんせつ》延長戦《えんちょうせん》

12歳《さい》からずっとバルサ一筋《ひとすじ》のイニエスタ。2017年までにクラブ史上最多《しじょうさいた》、計33個《こ》のタイトル獲得《かくとく》の原動力《げんどうりょく》となった功績《こうせき》がみとめられ、クラブ史上初《はつ》となる※生涯契約《しょうがいけいやく》を結《むす》んだことを発表《はっぴょう》。これからもずっとバルサのシンボルだ。

※生涯契約《しょうがいけいやく》…通常《つうじょう》、クラブとの契約《けいやく》は期間《きかん》を区切《くぎ》ってそのたびに更新《こうしん》する。だが、生涯契約を結《むす》んだことで、イニエスタは引退《いんたい》するまでバルセロナでプレーできることになった。

40 シャビ

アル・サッド

スペインがうんだ史上《しじょう》最高《さいこう》のMF《ミッドフィルダー》

無敵《むてき》スペインの要《かなめ》

「スペイン史上最高《しじょうさいこう》の選手《せんしゅ》」、「監督以上《かんとくいじょう》に重要《じゅうよう》な存在《そんざい》」など、世界中《せかいじゅう》の選手や監督から絶賛《ぜっさん》されつづけてきたのが、長年、バルセロナの司令塔《しれいとう》として活躍《かつやく》したシャビ。トラップ、パスの正確《せいかく》さ、※戦術眼《せんじゅつがん》とどれもが超一級品《ちょういっきゅうひん》で、スペイン代表《だいひょう》が2010年W杯《ワールドカップ》、ユーロ2008&《アンド》2012のすべてで優勝《ゆうしょう》できたのもシャビの功績《こうせき》といわれている。

国籍《こくせき》
スペイン

生年月日
1980年1月25日

身長《しんちょう》・体重《たいじゅう》
170センチ・68キロ

能力《のうりょく》パラメータ

主《おも》な所属《しょぞく》チームと受賞歴《じゅしょうれき》

チーム	バルセロナ（スペイン）→アル・サッド（カタール）
受賞	ユーロMVP《エムブイピー》（2008年）、世界《せかい》ベストイレブン（2008～2013年）

※ 戦術眼《せんじゅつがん》…監督《かんとく》の作戦《さくせん》をよく理解《りかい》し、試合《しあい》の流《なが》れを読みながら、うまく実行《じっこう》できる能力《のうりょく》。

41

イスコ

レアル・マドリード

魔法《まほう》をあやつるテクニシャン

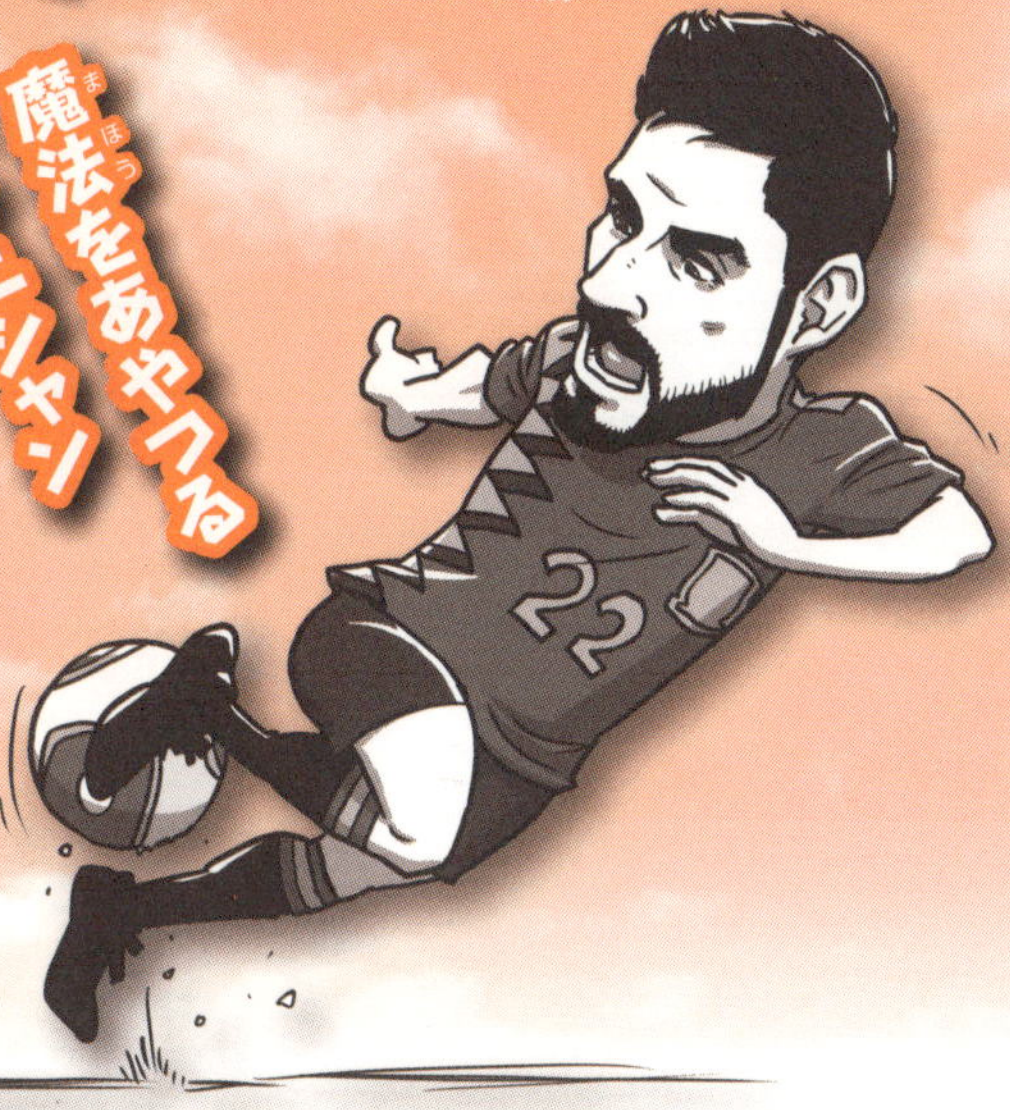

スペインの〝未来《みらい》〟

スペイン代表《だいひょう》でもバルセロナでもチームの中心として活躍《かつやく》するイニエスタが、「代表の未来《みらい》そのもの」と絶賛《ぜっさん》する男がいる。それが、レアル・マドリードでプレーするイスコだ。攻撃的《こうげきてき》なポジションならどこでもこなし、魔法《まほう》のようなテクニックをあやつることからついたよび名が「魔術師《まじゅつし》」。イスコの魔法は、チームに勝利《しょうり》をもたらすのだ。

国籍《こくせき》
スペイン

生年月日
1992年4月21

身長《しんちょう》・体重《たいじゅう》
176センチ・74キ

能力《のうりょく》パラメータ

主《おも》な所属《しょぞく》チームと受賞歴《じゅしょうれき》	チーム　バレンシア→マラガ→レアル・マドリード（すべてスペイン）

ワールドサッカーストーリーズ

7つの海をわたる「無敵艦隊《むてきかんたい》」

スペインのサッカー

「世界最強《せかいさいきょう》」とよばれるリーグがあり、「無敵艦隊《むてきかんたい》」とよばれる代表《だいひょう》チームをもつ国、スペイン。“最強”で“無敵”でありながら、ずっと世界一《せかいいち》になれなかった理由《りゆう》とは？

〝伝統《でんとう》の一戦《いっせん》〟をうんだスペイン二大都市《とし》の対抗意識《たいこういしき》

ヨーロッパの先端《せんたん》、イベリア半島に位置《いち》するスペイン。古くから貿易《ぼうえき》がさかんで、人や文化《ぶんか》の交差点《こうさてん》として発展《はってん》。一方で、その交流《こうりゅう》がときに戦争《せんそう》や衝突《しょうとつ》をひきおこすため、地域《ちいき》ごとに独自《どくじ》の言語や文化をもつ〝多《た》民族国家《みんぞくこっか》〟となった。なかでも、スペイン北東部《ほくとうぶ》の街《まち》、バルセロナがあるカタルーニャ州《しゅう》は、スペインの中心部で首都《しゅと》マドリードがあるマドリード州への対抗意識《たいこういしき》が強く、何度《なんど》も独立運動《どくりつうんどう》がおきているほどだ。

この対抗意識からうまれる〝現代《げんだい》版《ばん》の戦争《せんそう》〟が、サッカーによる戦《たたか》い

だ。カタルーニャ州では、「バルサ」の愛称《あいしょう》でよばれるFC《エフシー》バルセロナが1899年に誕生《たんじょう》。少し遅《おく》れて1902年、マドリードにもサッカークラブが誕生。1920年、国王から「レアル（王室《おうしつ》の）」という称号《しょうごう》があたえられ、レアル・マドリードと名のるようになった。そして、レアルが誕生したその年から100年以上《いじょう》にわたってつづくスペイン二大都市《とし》による戦いは、〝伝統《でんとう》の一戦《いっせん》〟を意味《み》する「エル・クラシコ」とよばれ、いまでは世界中《せかいじゅう》のサッカーファンの目を釘《くぎ》づけにしている。

リーガ・エスパニョーラが「世界最強《せかいさいきょう》リーグ」になるまで

1903年にはじまったカップ戦《せん》「スペイン国王杯《こくおうはい》」の最多優勝回数はバルセロナ。また、1929年にはじまったリーグ戦「リーガ・エスパニョーラ」でも、バルサがレアルをおさえて初代王者《しょだいおうじゃ》になった。だが、2017年までのリーグ戦優勝回数では、レアルが33回で1位《い》、バルサが24回で2位。ヨーロッパ王者達成《おうじゃたっせい》回数もレアルのほうが多い。

こうして、ふたつのクラブがはげしい対抗意識《たいこういしき》を燃《も》やし、きそいあってきたことで、スペインサッカーのレベルと人気はどんどん上昇《じょうしょう》。いつしかリーガ・エスパニョーラは、「世界最強《せかいさいきょう》リーグ」とよばれるようになったのだ。

W杯《ワールドカップ》での戦績《せんせき》

過去《かこ》10大会《たいかい》

1978年	アルゼンチン大会	グループリーグ敗退《はいたい》
1982年	スペイン大会	2次《じ》リーグ敗退《はいたい》
1986年	メキシコ大会	ベスト8
1990年	イタリア大会	ベスト16
1994年	アメリカ大会	ベスト8
1998年	フランス大会	グループリーグ敗退《はいたい》
2002年	日本・韓国《かんこく》大会	ベスト8
2006年	ドイツ大会	ベスト16
2010年	南《みなみ》アフリカ大会	優《ゆう》勝《しょう》
2014年	ブラジル大会	グループリーグ敗退《はいたい》

歴代通算《れきだいつうさん》

本戦出場	14回	優勝	1回	準優勝	0回

最近《さいきん》の基本《きほん》フォーメーション〔4-3-3〕

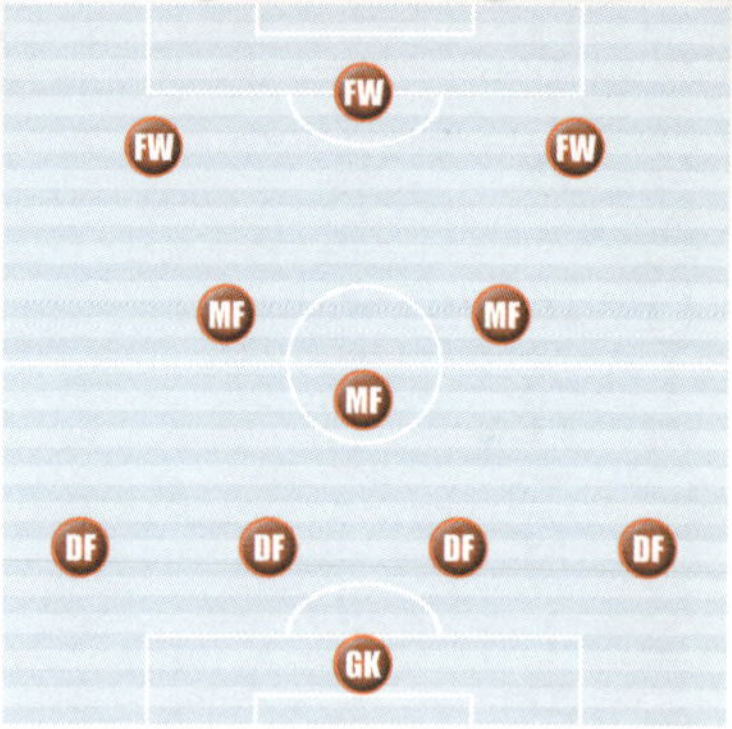

クライフが監督《かんとく》としてひきいたバルセロナが使《つか》った影響《えいきょう》で、代表《だいひょう》でも「4-3-3」がよく使われる。

予選《よせん》では負《ま》け知らずでも大舞台《おおぶたい》で勝《か》てない無敵艦隊《むてきかんたい》

世界最強《せかいさいきょう》とよばれる国内リーグがありながら、代表《だいひょう》はずっと世界一《せかいいち》の座《ざ》をつかむことができなかった。

大航海時代《だいこうかいじだい》、他国《たこく》よりも抜《ぬ》きんでた航海技術《ぎじゅつ》で海を制《せい》したスペイン海《かい》軍《ぐん》は「無敵艦隊《むてきかんたい》」とよばれ、それがスペイン代表《だいひょう》の異名《いみょう》となっている。世界《せかい》の主要《しゅよう》リーグで活躍《かつやく》する選手《せんしゅ》たちが集結《しゅうけつ》したスター軍団《ぐんだん》は、W杯《ワールドカップ》ヨーロッパ予選《よせん》では1993年4月から24年以上《いじょう》、負《ま》け知らず。まさに、無敵艦隊の名に恥《は》じぬ戦《たたか》いぶりだ。

にもかかわらず、肝心《かんじん》のW杯本大会、そしてヨーロッパ選手権《せんしゅけん》（ユー

7つの海をわたる「無敵艦隊《むてきかんたい》」

スペインのサッカー

ロ）では、いつも途中敗退《とちゅうはいたい》。20世紀《せいき》に獲得《かくとく》したビッグタイトルは、地元スペイン開催《かいさい》だった1964年のユーロ優勝《ゆうしょう》だけだった。

なぜ、勝負《しょうぶ》どころで勝《か》ちきれないのか？　その理由《りゆう》のひとつが、州《しゅう》ごとの地元意識《じもといしき》が強すぎるあまり、国のために戦う意識が弱いから、といわれていた。

スター軍団《ぐんだん》スペイン代表《だいひょう》が本当の意味《いみ》で無敵《むてき》になった日

チームがまとまりきらず、大舞台《おおぶたい》に弱かったスペイン代表《だいひょう》。世界一《せかいいち》にたどりつくために必要《ひつよう》だったのは、やはりチームが団結《だんけつ》すること。それがはじめてできたのが、2008年のユーロだった。この大会では、マドリード州出身《しゅうしゅっしん》でレアル所属《しょぞく》のG《ゴール》K《キーパー》、イケル・カシージャスを中心に守備陣《しゅびじん》が奮闘《ふんとう》。攻撃《こうげき》では、FW《フォワード》のダ※ビド・ビジャが得点王《とくてんおう》の活躍《かつやく》。そのビジャにパスをおくりつづけたのが、「創造者《そうぞうしゃ》たち」とよばれたMF《ミッドフィルダー》たち。カタルーニャ州出身でバルサ所属のシャビを中心にした華麗《かれい》なパスサッカーで、スペインは44年ぶりにヨーロッパ王者《おうじゃ》となった。

この優勝《ゆうしょう》で大舞台での勝《か》ち方を知ると、2年後の2010年W杯《ワールドカップ》でついに世界一。さらに、2012年のユーロでも優勝と、主要《しゅよう》3大会で連続優勝《ゆうしょう》を達成《たっせい》。スペイン代表は本当の意味《いみ》で、「無敵艦隊《むてきかんたい》」となったのだ。

※ダビド・ビジャ…代表《だいひょう》での59ゴールは、スペイン代表歴代《れきだい》1位《い》。2017年には35歳《さい》のベテランながら代表にえらばれた。

バルセロナ

42

セルヒオ・ブスケッツ

日本屈指《くっし》のボランチがえらぶ「現《げん》代《だい》最《さい》高《こう》のボランチ」

国《こく》籍《せき》

スペイン

生年月日

1988年7月16日

身長《しんちょう》・体重《たいじゅう》

189センチ・76キロ

能力《のうりょく》パラメータ

ヒーローの証《あかし》

- バルセロナでも代表《だいひょう》でも不動《ふどう》のボランチ
- 南《みなみ》アフリカ W 杯《ワールドカップ》でレギュラーをつとめ、優勝《ゆうしょう》に貢献《こうけん》
- 20代《だい》にしてチャンピオンズリーグ優勝《ゆうしょう》3回達成《たっせい》

主《おも》な所属《しょぞく》チームと受賞歴《じゅしょうれき》	
	チーム バルセロナ（スペイン）

攻守両面《こうしゅりょうめん》でたよりになる チームに欠《か》かせない〝心臓《しんぞう》〟

日本を代表《だいひょう》するボランチで、2016年にJ1《ジェイワン》のMVP《エムブイピー》を獲得《かくとく》した川《かわ》崎《さき》フロンターレの中村憲剛《なかむらけんご》。そんな彼《かれ》が「現代最高《げんだいさいこう》のボランチ」と語るのが、スペイン代表《だいひょう》でもバルセロナでも不動《ふどう》のボランチ、セルヒオ・ブスケッツだ。圧倒的《あっとうてき》なテクニックと的確《てきかく》なポジショニングで、攻守両面《こうしゅりょうめん》にわたってチームに安定感《あんていかん》をもたらすブスケッツ。21歳《さい》で代表にえらばれた2010年南《みなみ》アフリカW杯《ワールドカップ》では全試合《ぜんしあい》に出場。スペイン代表は、見《み》事初優勝《ことはつゆうしょう》をはたした。

そんなブスケッツ、2014年以《い》降《こう》は背番号《せばんごう》5をつけ、トレードマークになっている。この番号は、代表でもクラブでも大先輩《だいせんぱい》で、「チームの心臓《しんぞう》」とよばれた守備《しゅび》の英雄《えいゆう》、カルレス・プジョルからゆずりうけたもの。ブスケッツもまた、二代目「心臓」として、かえのきかない選手《せんしゅ》となっているのだ。

伝説《でんせつ》リプレイ

ふたりで守《まも》ることが多いボランチだが、ブスケッツはいつもひとり。ふたり分のプレーができるのだ。

ヒーロー伝説《でんせつ》延長戦《えんちょうせん》

22歳《さい》のとき、故郷《こきょう》のスタジアムに自分の名前がつけられることになったブスケッツ。現役《げんえき》の、しかも若手選手《わかてせんしゅ》では例《れい》のないことだ。かつてブスケッツもプレーしたこのスタジアムから、「ブスケッツ２世《せい》」が出てくるかも⁉

バイエルン・ミュンヘン

43 チアゴ

ブラジル代表《だいひょう》の血《ち》をひく
スペイン代表

国《こく》籍《せき》
スペイン

生年月日
1991年4月11日

身長《しんちょう》・体重《たいじゅう》
174センチ・70キロ

能力《のうりょく》パラメータ

ヒーローの証《あかし》

- 父も弟もブラジル代表《だいひょう》。でも自身《じしん》は迷《まよ》わず、少年時代をすごしたスペイン代表を選択《せんたく》
- パス成功数《せいこうすう》でブンデスリーガ新記録《しんきろく》

主《おも》な所属《しょぞく》チームと受賞歴《じゅしょうれき》	チーム バルセロナ（スペイン）→バイエルン・ミュンヘン（ドイツ）

父親と恩師《おんし》から学んだ世界屈指《せかいくっし》のパスセンス

父はW杯《ワールドカップ》優勝経験《ゆうしょうけいけん》もある元ブラジル代表《だいひょう》マジーニョ。でも、本人はスペイン代表をえらび、世界《せかい》レベルのパスで活躍《かつやく》するのがチアゴ・アルカンタラ、通称《つうしょう》チアゴだ。父やブラジル代表の英雄《えいゆう》、ロマーリオなど名選《めいせん》手《しゅ》たちがプレーする姿《すがた》を間近で見てそだったチアゴ。その特別《とくべつ》な環境《かんきょう》に刺激《しげき》を受《う》け、「ぼくにもあれができるはずだ」と自分に言いきかせてサッカー選手として成長《せいちょう》した。

その才能《さいのう》を見こんだのが、バルセロナの下部《かぶ》チームを指導《しどう》していた※ジョゼップ・グアルディオラ監督《かんとく》。彼《かれ》がバルサのトップチームの監督に就《しゅう》任《にん》すると、チアゴもトップチームに昇格《しょうかく》。すぐにスペイン代表にも選出《せんしゅつ》された。2013年にはバイエルン・ミュンヘンに移籍《いせき》した監督を追《お》うように、チアゴもバイエルンへ。父ゆずりの才能は、熱《あつ》い師弟愛《していあい》でさらに飛躍《ひやく》をとげたのだ。

伝説《でんせつ》リプレイ

バイエルンの監督就任直後《かんとくしゅうにんちょくご》、グアルディオラ監督は「チアゴ以外《いがい》、必要《ひつよう》ない」とラブコールをおくった。

ヒーロー伝説《でんせつ》延長戦《えんちょうせん》

チアゴの弟、ラファエル・アルカンタラもバルセロナで活躍《かつやく》するスター選《せん》手《しゅ》。兄のようにスペイン代表《だいひょう》になることもできたが、迷《まよ》わず父とおなじブラジル代表を選択《せんたく》。いずれ世界《せかい》の大舞台《おおぶたい》で、兄弟対決《たいけつ》が見られるかもしれない。

※ジョゼップ・グアルディオラ…選手《せんしゅ》としても監督《かんとく》としてもバルセロナで活躍《かつやく》。その後、バイエルン・ミュンヘンの監督をへて、マンチェスター・シティの監督に。

セスク・ファブレガス

チェルシー

プレミアリーグのアシスト・マスター

〝史上最速《しじょうさいそく》〟のパス

「シーズン2ケタ」を記録《きろく》するのが得点《とくてん》以上《いじょう》にむずかしい〝アシスト〟。だが、広い視野《しや》と正《せい》確《かく》なキックで、毎年のように2ケタ記録するのがファブレガスだ。2ケタアシスト6回はプレミアリーグ史上最多《しじょうさいた》。2017年には通算300試合《しあい》出場と史上最速《さいそく》での100アシストを記録。平均《へいきん》3試合に1本アシストを決《き》めるアシスト・マスターだ。

国《こく》籍《せき》

スペイン

生年月日

1987年5月4日

身長《しんちょう》・体重《たいじゅう》

180センチ・77キロ

能力《のうりょく》パラメータ

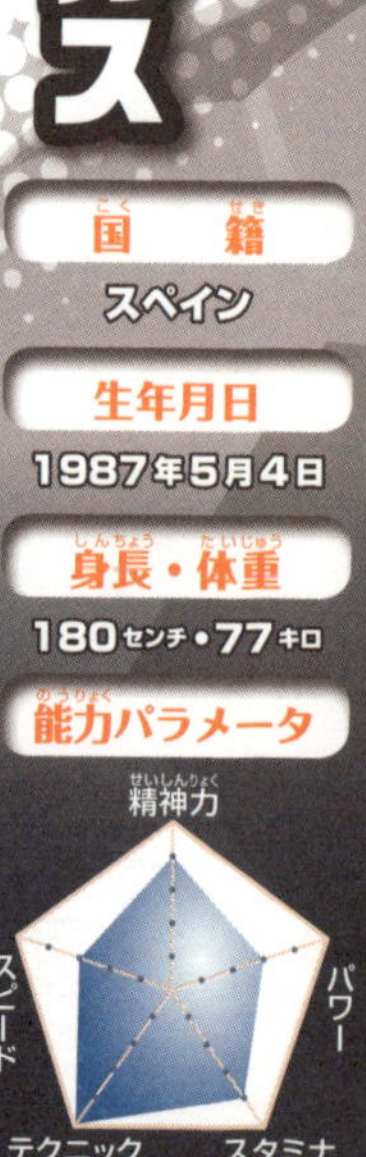

主《おも》な所属《しょぞく》チームと受賞歴《じゅしょうれき》	
	チーム アーセナル（イングランド）→バルセロナ（スペイン）→チェルシー（イングランド）

トッテナム

45 デル・アリ

イングランドの若《わか》き至宝《しほう》

母国の新・背番号《せばんごう》10

19歳《さい》でトッテナムに移籍《いせき》してから2シーズン連続《れんぞく》で2ケタ得《とく》点《てん》をあげたデル・アリ。しかも、警戒《けいかい》されるようになった2年目の2016―2017シーズンに公式戦《こうしきせん》22得点。MF《ミッドフィルダー》ながら高い得点力をもち、パスセンスもあってボランチでもすぐれた能力《のうりょく》を発揮《はっき》。21歳にしてサッカーの母国イングランドの「代表《だいひょう》10番」を背負《せお》う逸材《いつざい》だ。

国《こく》籍《せき》

イギリス(イングラン

生年月日

1996年4月11

身長《しんちょう》・体重《たいじゅう》

188センチ・76キロ

能力《のうりょく》パラメータ

主《おも》な所属《しょぞく》チームと受賞歴《じゅしょうれき》	
チーム	ドンズ→トッテナム（いずれもイングランド）
受賞	プレミアリーグベストイレブン（2016年、2017年）

マンチェスター・ユナイテッド

46 ポール・ポグバ

髪形《かみがた》も身体能力《しんたいのうりょく》も すべてがケタはずれの男

国《こく》 籍《せき》
フランス

生年月日
1993年3月15日

身長《しんちょう》・体重《たいじゅう》
191センチ・84キロ

能力《のうりょく》パラメータ

ヒーローの証《あかし》

- 中盤《ちゅうばん》はどこでもできる才能《さいのう》でユベントスの10番に
- 2016年、マンチェスター・ユナイテッド移籍時《いせきじ》の移籍金が、当時の史上最高額《しじょうさいこうがく》の約《やく》1億《おく》ユーロ

主《おも》な所属《しょぞく》チームと受賞歴《じゅしょうれき》	
チーム	マンチェスター・ユナイテッド（イングランド）→ユベントス（イタリア）→マンチェスター・ユナイテッド
受賞	世界《せかい》ベストイレブン（2015年）

その価値《かち》、1億《おく》ユーロ！史上最高額《しじょうさいこうがく》の男

191センチの長身《ちょうしん》ながら、動《うご》きは軽快《けいかい》でボールタッチは繊細《せんさい》。ドリブル、パス、シュートとすべての技《ぎ》術《じゅつ》が一級品《いっきゅうひん》……それがポール・ポグバだ。プレミアリーグのマンチェスター・ユナイテッド（マンU《ユー》）出身だが、10代《だい》のころはまったく活躍《かつやく》できず、出場機会《きかい》をもとめてセリエA《アー》のユベントスへ。しかし、ここで才《さい》能《のう》が大きく開花《かいか》。すぐにプロ初《はつ》ゴールを決《き》めると、めざましい活躍でクラブのリーグ連覇《れんぱ》を実現《じつげん》。2015―2016シーズンには、ユベントスの象徴《しょうちょう》である「背番号《せばんごう》10」をまかされるまでの存在《そんざい》になった。

その活躍をくやしく見ていたのが、かつての古巣《ふるす》マンU。ポグバの再獲得《さいかくとく》にのりだすと、2016年、当時の移籍金《いせききん》史上最高額《しじょうさいこうがく》の約《やく》1億《おく》ユーロ（約120億円）でポグバの復《ふっ》帰《き》を発表《はっぴょう》。世界中《せかいじゅう》を大いにおどろかせた。

伝説《でんせつ》リプレイ

マンU《ユー》復帰《ふっき》1年目、パスとドリブルの成功数《せいこうすう》、チャンスメーク数でチームトップの数字を記録《きろく》した。

ヒーロー伝説《でんせつ》延長戦《えんちょうせん》

髪形《かみがた》も特徴的《とくちょうてき》なポグバ。とくに、モヒカンのサイド部分《ぶぶん》は、ヒョウ柄《がら》に染《そ》めたかと思えば、大人気ゲーム『ポケットモンスター』のアイテム「モンスターボール」をイメージしたそりこみを入れるなど、こだわりつづけている。

チェルシー

フランスが誇《ほこ》る
小さな巨人《きょじん》

47 エンゴロ・カンテ

国籍《こくせき》

フランス

生年月日

1991年3月29日

身長《しんちょう》・体重《たいじゅう》

168センチ・68キロ

能力《のうりょく》パラメータ

プレミア連覇《れんぱ》の男

身長《しんちょう》168センチと小柄《こがら》ながらも、豊富《ほうふ》な運動量《うんどうりょう》でプレミアリーグ屈指《くっし》のボランチに成長《せいちょう》。2015─2016シーズン、レスター・シティの「133年目での初優勝《はつゆうしょう》※」という奇跡《きせき》の立役者《たてやくしゃ》になると、翌《よく》シーズンは名門チェルシーに移籍《いせき》し、またも優勝。クラブをかえながらのリーグ連覇《れんぱ》は「伝説《でんせつ》の男」カントナ※以来《いらい》、史上《しじょう》ふたり目の快挙《かいきょ》だ。

主《おも》な所属《しょぞく》チームと受賞歴《じゅしょうれき》	チーム ブローニュ（フランス）→カーン（フランス）→レスター・シティ（イングランド）→チェルシー（イングランド） 受賞 プレミアリーグ年間MVP《エムブイピー》（2017年）、プレミアリーグベストイレブン（2016年、2017年）

※初優勝《はつゆうしょう》…日本代表《だいひょう》、岡崎慎司《おかざきしんじ》とともに達成《たっせい》。クラブ設立《せつりつ》133年目での優勝《ゆうしょう》は「5000年に一度《いちど》の奇跡《きせき》」ともいわれた。
※カントナ…エリック・カントナ。「キング」とよばれ、フランス人でありながらイングランド史上最高《しじょうさいこう》の選手《せんしゅ》といわれる。

バイエルン・ミュンヘン

48 フランク・リベリー

フランスがうんだ天才ドリブラー

国籍《こく せき》
フランス

生年月日
1983年4月7日

身長《しんちょう》・体重《たいじゅう》
170センチ・72キ

能力《のうりょく》パラメータ

クラブ三冠《かん》の原動力《げんどうりょく》

左サイドからの高速《こうそく》ドリブルで敵守備《てきしゅび》を破壊《はかい》するドリブラー。2012―2013シーズンにはバイエルン・ミュンヘンの主《しゅ》力《りょく》として、リーグ戦《せん》、カップ戦、チャンピオンズリーグのすべてで優勝《ゆうしょう》する〝三冠《かん》〟を達成《たっせい》。あのメッシやクリロナをおさえて、ヨーロッパ最優秀選手賞《さいゆうしゅうせんしゅしょう》も受賞《じゅしょう》。ブンデスリーガのフランス人最多出場記録《きろく》を更新中《こうしんちゅう》だ。

主《おも》な所属《しょぞく》チームと受賞歴《じゅしょうれき》

チーム ブローニュ（フランス）→アレス（フランス）→ブレスト（フランス）→メス（フランス）→ガラタサライ（トルコ）→マルセイユ（フランス）→バイエルン・ミュンヘン（ドイツ） **受賞** フランス年間MVP《エムブイピー》（2007年、2008年、2013年）、ドイツ年間MVP（2008年）、ヨーロッパ年間MVP（2013年）

美《うつく》しく、そして強くあれ

フランスのサッカー

ワールドサッカーストーリーズ

芸術《げいじゅつ》やグルメ、上品《じょうひん》や洗練《せんれん》といった言葉《ことば》がにあうフランス。そんな国で、サッカーはどのような存在《そんざい》なのだろうか？　ひとりの「将軍《しょうぐん》」と、彼《かれ》のあとを受《う》けついだ男たちの物語《ものがたり》。

世界《せかい》のファンを魅了《みりょう》した「シャンパン・サッカー」

豪華《ごうか》なフランス料理《りょうり》に、シャンパンで有名《ゆうめい》なワイン文化《ぶんか》。凱旋門《がいせんもん》やエッフェル塔《とう》などの歴史的建造物《れきしてきけんぞうぶつ》。そして、芸術《げいじゅつ》やファッションで世界《せかい》をリードする花の都《みやこ》、パリ……魅力《みりょく》にあふれ、世界中《せかいじゅう》の人があこがれる国、それがフランスだ。

そんなイメージそのままに、華麗《かれい》なパスまわしで観客《かんきゃく》を酔《よ》わせるフランスの芸術的《げいじゅつてき》なパスサッカーは、シャンパンの泡《あわ》のように軽《かろ》やかで美《うつく》しいとして「シャンパン・サッカー」とよばれ、世界中のサッカーファンがあこがれのまなざしで注目《ちゅうもく》してきた。

シャンパン・サッカーのひとつの頂点《ちょうてん》が１９８４年、自国開催《かいさい》だったヨーロッパ選手権《せんしゅけん》での優勝《ゆうしょう》だ。「将《しょう》軍《ぐん》」とよばれた司令塔《しれいとう》のミシェル・プラティニは、ＭＦ《ミッドフィルダー》ながら９ゴールを決《き》め、大会得点王《とくてんおう》も獲得《かくとく》した。

だがＷ杯《ワールドカップ》では勝《か》てないのもフランス。プラティニが出場した１９８２年大会、１９８６年大会は、いずれも勝負強《しょうぶづよ》い西《にし》ドイツに敗《やぶ》れ、ベスト４。プラティニが引退《いんたい》した１９９０年代《だい》前半は、２大会連続《れんぞく》でＷ杯出場も逃《のが》してしまう。フランスサッカーは大きな危機《きき》に直面《ちょくめん》した。

フランスサッカーをかえた〝自由《じゆう》〟と〝平等《びょうどう》〟の考《かんが》え方

フランスサッカーの危機《きき》を救《すく》ったのは、海外からの移民選手《いみんせんしゅ》たちだ。もともとフランスは、18世紀《せいき》後半、王様《おうさま》に支配《しはい》されていた市民《しみん》が立ちあがり、〝自由《じゆう》〟と〝平等《びょうどう》〟を手に入れる「フランス革命《かくめい》」をおこした国だ。そのため、どの国よりも自由と平等を大切にし、海外からの移民も積極的《せっきょくてき》に受《う》けいれてきた歴史《れきし》がある。

だが、１９９０年代《だい》前半まで、代《だい》表《ひょう》チームは、移民やその子孫《しそん》にあたる選手をほとんど受けいれてこなかった。これは自由と平等の考え方に反《はん》しているとして、移民選手も積極的に加入させるようになったのだ。こうして優秀《ゆうしゅう》な選手の数がふえ、代表もふたたび、力をつけたのだ。

W杯《ワールドカップ》での戦績《せんせき》

過去《かこ》10大会《たいかい》

1978年	アルゼンチン大会	グループリーグ敗退《はいたい》
1982年	スペイン大会	4　位《い》
1986年	メキシコ大会	3　位《い》
1990年	イタリア大会	ヨーロッパ予選敗退《よせんはいたい》
1994年	アメリカ大会	ヨーロッパ予選敗退《よせんはいたい》
1998年	フランス大会	優《ゆう》　勝《しょう》
2002年	日本・韓国《かんこく》大会	グループリーグ敗退《はいたい》
2006年	ドイツ大会	準《じゅん》　優《ゆう》　勝《しょう》
2010年	南《みなみ》アフリカ大会	グループリーグ敗退《はいたい》
2014年	ブラジル大会	ベスト8

歴代通算《れきだいつうさん》

本戦出場	14回	優勝	1回	準優勝	1回

最近《さいきん》の基本《きほん》フォーメーション〔4-4-2〕

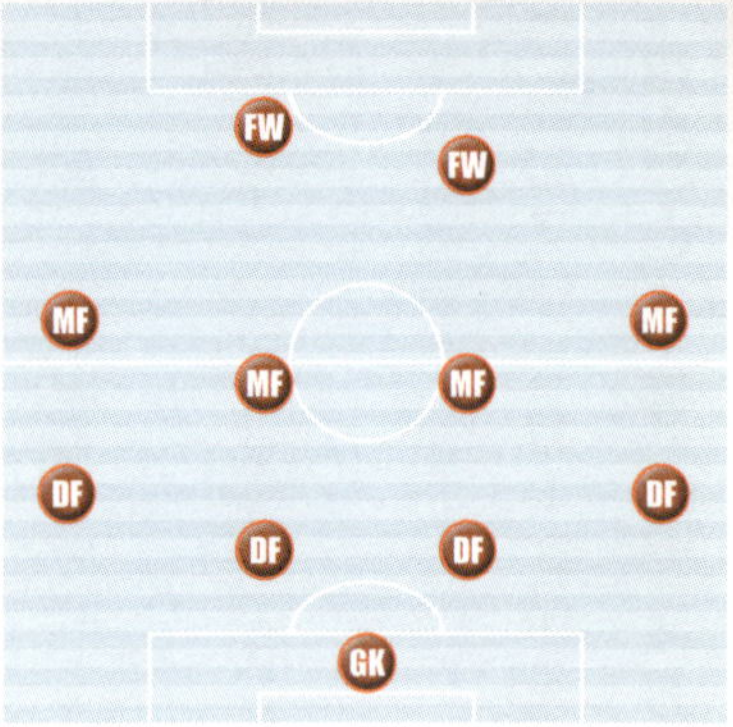

プラティニ、ジダンといった絶対的《ぜったいてき》な司令塔《しれいとう》がいない現在《げんざい》は、チーム全体《ぜんたい》での攻撃《こうげき》をめざしている。

移民選手《いみんせんしゅ》との一体化《いったいか》でついにつかんだ世界一《せかいいち》

移民系選手《いみんけいせんしゅ》の代表的《だいひょうてき》な人物《じんぶつ》が、アフリカのアルジェリア出身《しゅっしん》の両親《りょうしん》をもつジネディーヌ・ジダンや、ガーナ出身でのちに代表《だいひょう》キャプテンまでつとめた名DF《ディフェンダー》、マルセル・デサイーといった選手たち。彼《かれ》らがくわわった代表チームは、人種《じんしゅ》の壁《かべ》をこえて見事《みごと》に一体化《いったいか》。それまでの美《うつく》しいサッカーはそのままに、勝負強《しょうぶづよ》さも身《み》につけると、1998年、自国開《かい》催《さい》のフランスW杯《ワールドカップ》でついに世界一《せかいいち》の座《ざ》にかがやいたのだ。チームの中心として活躍《かつやく》したジダンは、そのまま、世界最高《さいこう》の選手へとのぼりつめた。

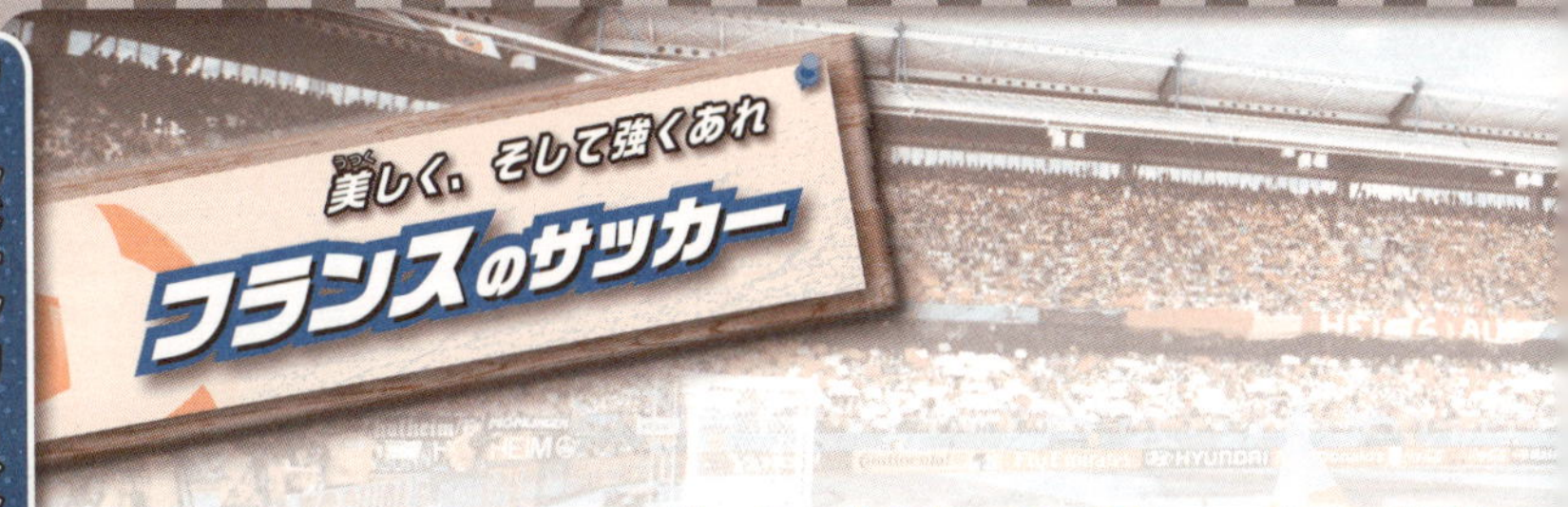

美《うつく》しく、そして強くあれ

フランスのサッカー

W杯《ワールドカップ》もバロンドールもフランス人のアイデア

フランスがサッカー界《かい》にあたえた影響《えいきょう》、という意味《いみ》では、プレーや選《せん》手以外《しゅいがい》の点についてもおさえておきたい。なぜなら、W杯《ワールドカップ》をつくった人《じん》物《ぶつ》はフランス人だからだ。1930年、第《だい》1回《かい》W杯が実現《じつげん》したのは、当時の国際《こくさい》サッカー連盟《れんめい》会長だったフランス人、ジュール・リメの功績《こうせき》。そのため、初代《しょだい》トロフィーは「ジュール・リメ・カップ」とよばれた。

また、毎年《まいとし》、世界最高《せかいさいこう》の選手におくられる「バロンドール」も、フランスのサッカー専門誌《せんもんし》がつくった賞《しょう》だ。「スペクタクル（壮大《そうだい》）なゲームをして勝《か》たなければ、フランスの観衆《かんしゅう》は満足《まんぞく》しない」と語ったのはプラティニだが、そんなフランス人のサッカーに対《たい》する情熱《じょうねつ》が、サッカーそのものの地位《ちい》をスペクタクルな存《そん》在《ざい》に高めたのかもしれない。

ただ不思議《ふしぎ》なのは、自国リーグの「リーグ・アン」は、そこまで熱狂《ねっきょう》的《てき》な人気がないこと。そのため、フランス出身《しゅっしん》のスター選手は、他国《たこく》リーグでプレーするのがこれまでの常《じょう》識《しき》だった。だが、最近はリーグ屈指《くっし》の名門クラブ、パリ・サンジェルマンが世界クラスの選手を次《つぎ》つぎにチームにむかえいれ、リーグのレベルも急上昇中《きゅうじょうしょうちゅう》だ。フランスサッカーはいま、新たなステージに入っている。

アル・ガラファ

49

ウェズレイ・スナイデル

オランダ黄金《おうごん》世代《せだい》のカリスマ10番

ヒーローの証《あかし》

- 2010年南《みなみ》アフリカW杯《ワールドカップ》で大会得点王《たいかいとくてんおう》
- レアル・マドリード、インテルでも10番をつけてプレーし、リーグ優勝《ゆうしょう》とカップ優勝を達成《たっせい》

国《こく》　籍《せき》

オランダ

生年月日

1984年6月9日

身長《しんちょう》・体重《たいじゅう》

170センチ・72キロ

能力《のうりょく》パラメータ

主《おも》な所属《しょぞく》チームと受賞歴《じゅしょうれき》	**チーム** アヤックス（オランダ）→レアル・マドリード（スペイン）→インテル・ミラノ（イタリア）→ガラタサライ（トルコ）→ニース（フランス）→アル・ガラファ（カタール） **受賞** UEFA最優秀MF《ウエファさいゆうしゅうミッドフィルダー》（2010年）、W杯得点王《ワールドカップとくてんおう》（2010年）、世界《せかい》ベストイレブン（2010年）

オランダの司令塔《しれいとう》は MF《ミッドフィルダー》なのにW杯得点王《ワールドカップとくてんおう》

サッカー強豪国《きょうごうこく》、オランダが誇《ほこ》る“黄金世代《おうごんせだい》”とよばれてきたのがアリエン・ロッベンやロビン・ファン・ペルシーなど、1983～1984年うまれの選手《せんしゅ》たち。そんな黄金世代の選手のひとりとしてオランダサッカーを引っぱってきたのが、長らく代表《だいひょう》10番としてプレーしたウェズレイ・スナイデルだ。

左右両足《りょうあし》から正確《せいかく》なボールを蹴《け》りわけるだけでなく、高い得点能力《とくてんのうりょく》ももっていたスナイデル。2010年W杯《ワールドカップ》では、MF《ミッドフィルダー》にもかかわらずオランダ人初《はつ》の大会得点王《とくてんおう》となる快挙《かいきょ》でチームは準優勝《じゅんゆうしょう》。2014年W杯でも3位《い》の原動力《げんどうりょく》となった。代表では結局《けっきょく》、頂点《ちょうてん》をつかむことはできなかったが、クラブでは何度《なんど》も優勝を経験《けいけん》。ことなる4つのクラブでそれぞれリーグ戦《せん》、カップ戦での優勝をはたし、「※UEFA最優秀MF《ウエファさいゆうしゅうミッドフィルダー》」にもかがやいている。

伝説《でんせつ》リプレイ

インテル時代《じだい》にチームメイトだった※長友佑都《ながともゆうと》とは大の仲良《なかよ》し。いつもイチャイチャしていた。

ヒーロー伝説《でんせつ》 延長戦《えんちょうせん》

代表最多出場記録《だいひょうさいたしゅつじょうきろく》をもつスナイデル。オランダはロシアW杯《ワールドカップ》出場をのがし、ロッベンら同世代《どうせだい》も代表引退《いんたい》を表明。だが、スナイデルは代表引退するつもりはないという。世代交代がもとめられるなか、今後のスナイデルにも注目だ。

※UEFA最優秀MF《ウエファさいゆうしゅうミッドフィルダー》…ヨーロッパのクラブに所属《しょぞく》する選手《せんしゅ》のなかで、その年にもっとも活躍《かつやく》した選手におくられる賞《しょう》。ポジション別《べつ》に表彰《ひょうしょう》される。
※長友佑都《ながともゆうと》…日本代表不動《だいひょうふどう》の左サイドバック。スナイデルとは2年間いっしょにプレーした。

パリ・サンジェルマン

50

マルコ・ベッラッティ

イタリアが誇《ほこ》る
中盤《ちゅうばん》の演出家《えんしゅつか》

2014

試合《しあい》をあやつるパス

イタリアでは、ゲームメークにすぐれた選手《せんしゅ》のことを「レジスタ（演出家《えんしゅつか》）」とよぶ。いま、このレジスタの異名《いみょう》がもっともにあうのがマルコ・ベッラッティだ。戦術《せんじゅつ》を理解《りかい》する力とロングパスにすぐれ、中盤《ちゅうばん》後方からゲームをコントロール。さらに守備力《しゅびりょく》も一級品《いっきゅうひん》の選手で、リーグ・アンでは5年連続《れんぞく》でベストイレブンを受賞《じゅしょう》している。

国籍《こくせき》
イタリア

生年月日
1992年11月5日

身長《しんちょう》・体重《たいじゅう》
165センチ・60キロ

能力《のうりょく》パラメータ

主《おも》な所属《しょぞく》チームと受賞歴《じゅしょうれき》	
チーム	ペスカーラ（イタリア）→パリ・サンジェルマン（フランス）
受賞	リーグ・アンベストイレブン（2013～2017年）

51

ケビン・デブライネ

“シュートもパスも一級品《いっきゅうひん》なセンスのかたまり！”

中盤《ちゅうばん》の支配者《しはいしゃ》

中盤《ちゅうばん》ならどこでも高いレベルでプレーできる、センスのかたまり。2014―2015シーズンはブンデスリーガで10得点《とくてん》20アシストを記録《きろく》。2016―2017シーズンにはプレミアリーグ最多《さいた》の18アシスト。得意《とくい》とするミドルシュートの威力《いりょく》と精度《せいど》は、ヨーロッパトップクラスだ。ベルギー代表《だいひょう》でも中心選《せん》手《しゅ》として活躍《かつやく》している。

国籍《こくせき》
ベルギー

生年月日
1991年6月28日

身長《しんちょう》・体重《たいじゅう》
181センチ・68キロ

能力《のうりょく》パラメータ

主《おも》な所属《しょぞく》チームと受賞歴《じゅしょうれき》	
チーム	ヘンク（ベルギー）→ブレーメン（ドイツ）→チェルシー（イングランド）→ボルフスブルク（ドイツ）→マンチェスター・シティ（イングランド）
受賞	ドイツ年間MVP《エムブイピー》（2015年）

チェルシー

52 エデン・アザール

世界《せかい》の頂点《ちょうてん》へつきすすむ ドリブル&《アンド》ゴール

国籍《こくせき》

ベルギー

生年月日

1991年1月7日

身長《しんちょう》・体重《たいじゅう》

173センチ・76キロ

能力《のうりょく》パラメータ

ヒーローの証《あかし》

- リーグ・アンで２年連続《れんぞく》MVP《エムブイピー》を受賞《じゅしょう》
- 2014－2015シーズン、プレミアリーグ個人《こじん》三冠《かん》
- チェルシーでもベルギー代表《だいひょう》でも１０番

主《おも》な所属《しょぞく》チームと受賞歴《じゅしょうれき》	**チーム** リール（フランス）→チェルシー（イングランド） **受賞** リーグ・アン年間MVP《エムブイピー》（2011、2012年）、プレミアリーグ年間MVP（2015年）、リーグ・アンベストイレブン（2010年、2011年）、プレミアリーグベストイレブン（2013～2015年、2017年）

名将《めいしょう》が太鼓判《たいこばん》を押《お》す 次代《じだい》の世界最高選手《せかいさいこうせんしゅ》

世界的《せかいてき》な名将《めいしょう》で、チェルシーを三度《ど》、プレミアリーグ優勝《ゆうしょう》にみちびいたジョゼ・モウリーニョ※監督《かんとく》が「いずれ世界最高《さいこう》の選手《せんしゅ》になる」とベタぼめする選手がいる。ベルギー代表《だいひょう》でもチェルシーでも10番をつけるエデン・アザールだ。パスセンスも得《とく》点力《てんりょく》も超一流《ちょういちりゅう》だが、高速《こうそく》ステップがうみだすドリブル突破《とっぱ》は圧巻《あっかん》のひと言。強豪相手《きょうごうあいて》になんども独走《どくそう》ドリブル&《アンド》ゴールを決《き》めている。

フランスのリーグ・アンで2年連《れん》続《ぞく》MVP《エムブイピー》を受賞《じゅしょう》した実績《じっせき》を評価《ひょうか》され、2012年、21歳《さい》のときにチェルシーへ移籍《いせき》。背番号《せばんごう》を10番に変更《へんこう》した2014－2015シーズンには、イングランドサッカー選手協会《きょうかい》、イングランドサッカーライター協会、そしてプレミアリーグがそれぞれ選定《せんてい》するMVPをすべて受賞する個人《こじん》三冠《かん》を達成《たっせい》し、まさに「世界最高の選手」に近づきつつある。

伝説《でんせつ》リプレイ

父親だけでなく母親も元サッカー選手《せんしゅ》。アザールの得点力《とくてんりょく》は、優秀《ゆうしゅう》なアタッカーだった母ゆずり？

ヒーロー伝説《でんせつ》延長戦《えんちょうせん》

小さいころに柔道《じゅうどう》を習《なら》っていたアザール。相手《あいて》DF《ディフェンダー》がはげしくぶつかってくるプレミアリーグで結果《けっか》を残《のこ》すうえでは、柔道の受《う》け身《み》の練習《れんしゅう》が役《やく》に立っていると語り、2016－2017シーズンにはMF《ミッドフィルダー》ながら16点をあげている。

※ジョゼ・モウリーニョ…過去《かこ》に４人しかいない、ことなるふたつのチームをヨーロッパ王者《おうじゃ》にみちびいた監督《かんとく》のうちのひとり。現在《げんざい》はチェルシーのライバル、マンチェスター・ユナイテッドの監督。

アトレティコ・マドリード

53 ヤニク・フェレイラ・カラスコ

国籍《こくせき》

ベルギー

生年月日

1993年9月4日

身長《しんちょう》・体重《たいじゅう》

181センチ・73キロ

能力《のうりょく》パラメータ

ストリートでみがかれた超絶《ちょうぜつ》テクニシャン

マジカルな宇宙人《うちゅうじん》

少年時代《じだい》、ストリートサッカーでみがいた技術《ぎじゅつ》を武器《ぶき》に、一対《たい》一で強さを発揮《はっき》するドリブラー。だれも予測《よそく》できない足技《あしわざ》やターンで相手《あいて》を抜《ぬ》きさるそのドリブルは、「宇宙人級《うちゅうじんきゅう》のドリブル」「マジカル・ターン」とよばれている。アトレティコ・マドリードの10番をまかされているが、さらなるビッグクラブへの移籍《いせき》の噂《うわさ》がたえない逸材《いつざい》だ。

主《おも》な所属《しょぞく》チームと受賞歴《じゅしょうれき》	チーム モナコ（モナコ公国《こうこく》）→アトレティコ・マドリード（スペイン）

バルセロナ

代表《だいひょう》でもバルサでもチームの心臓《しんぞう》

54 イバン・ラキティッチ

国籍《こくせき》
クロアチア

生年月日
1988年3月10

身長《しんちょう》・体重《たいじゅう》
184センチ・78キロ

能力《のうりょく》パラメータ

かえのきかない男

高いテクニックをもち、豊富《ほうふ》な運動量《うんどうりょう》と正確《せいかく》なパスでクロアチア代表《だいひょう》でもバルセロナでも中《ちゅう》盤《ばん》を支《ささ》えるのが、イバン・ラキティッチだ。圧倒的《あっとうてき》な武器《ぶき》があるわけではないが、チームのためにだれよりも走り、攻守両面《こうしゅりょうめん》に欠《か》かせない存在《そんざい》であることから、ついたよび名は「バルサの心臓《しんぞう》」。クラブ加入《かにゅう》1年目から三冠《かん》達成《たっせい》の原動力となっている。

主《おも》な所属《しょぞく》チームと受賞歴《じゅしょうれき》	
チーム	バーゼル（スイス）→シャルケ（ドイツ）→セビージャ（スペイン）→バルセロナ（スペイン）
受賞	リーガ・エスパニョーラベストイレブン（2015年）

レアル・マドリード

55

ルカ・モドリッチ

攻守《こうしゅ》にすぐれた
「バルカンのクライフ」

ヒーローの証《あかし》

- 世界《せかい》ベストイレブンを３年連続受賞《れんぞくじゅしょう》
- クロアチア年間最優秀選手《さいゆうしゅうせんしゅ》を史上《しじょう》最多６度受賞《どじゅしょう》
- ユーロ2008でベスト８敗退《はいたい》でも大会MVP《エムブイピー》

国籍《こく　せき》

クロアチア

生年月日

1985年9月9日

身長《しんちょう》・体重《たいじゅう》

174センチ・65キロ

能力《のうりょく》パラメータ

主《おも》な所属《しょぞく》チームと受賞歴《じゅしょうれき》

チーム ズリニスキ（ボスニア・ヘルツェゴビナ）→ザブレシッチ（クロアチア）→ディナモ・ザグレブ（クロアチア）→トッテナム（イングランド）→レアル・マドリード（スペイン） **受賞** ユーロMVP《エムブイピー》（2008年）、クロアチア年間MVP（2007年、2008年、2011年、2014年、2016年、2017年）、世界《せかい》ベストイレブン（2015～2017年）

「10番の呪《のろ》い」を打《う》ちやぶる レアルのチャンスメーカー

名門クラブの背番号《せばんごう》10は、ときにプレッシャーとなって背負《せお》った選手《せんしゅ》自身《じしん》を苦《くる》しめる。レアル・マドリードの10番がその代表例《だいひょうれい》。身《み》につけるのは世界《せかい》の超一流《ちょういちりゅう》選手ばかりなのに、今世紀《こんせいき》、期待《きたい》どおりの活躍《かつやく》をした選手は少なく、「呪《のろ》われた番号」といわれることもあった。この「レアル10番の呪い」を今度《こんど》こそ打《う》ちやぶりそうと期待《きたい》されているのが、ルカ・モドリッチだ。

すぐれたテクニックと戦術《せんじゅつ》への理《り》解力《かいりょく》がもち味《あじ》で、トップ下やボランチの位置《いち》から何度《なんど》もチャンスをつくりだすモドリッチ。世界ベストイレブンを2015年、2016年と、2年連続受賞《れんぞくじゅしょう》し、この活躍《かつやく》によって2017年から10番をまかされるように。それからも、呪いを感《かん》じさせないプレーでレアルに勝利《しょうり》をもたらし、見事《みごと》、3年連続で世界ベストイレブンにかがやいたのだ。

伝説《でんせつ》リプレイ

10番のプレッシャーについて記者《きしゃ》から質問《しつもん》されると「プレーするのは背番号《せばんごう》ではない」と男らしい回答。

ヒーロー伝説《でんせつ》延長戦《えんちょうせん》

ヨーロッパ大陸《たいりく》南東にあるバルカン半島出身《はんとうしゅっしん》のモドリッチ。彼《かれ》がよくくらべられるのが、世界《せかい》のサッカーをかえたといわれる英雄《えいゆう》※ヨハン・クライフ。プレースタイルや見た目がにていることから、「バルカンのクライフ」とよばれている。

※ヨハン・クライフ…オランダ出身《しゅっしん》。バロンドール三度受賞《どじゅしょう》。選手《せんしゅ》としても監督《かんとく》としても超一流《ちょういちりゅう》だった。

レアル・マドリード

56

マテオ・コバチッチ

ビッグクラブも注目《ちゅうもく》の「ワンダーキッド」

クロアチアの新星

17歳《さい》にしてクロアチアの名門、ディナモ・ザグレブでキャプテンに就任《しゅうにん》。19歳でセリアA《アー》の強豪《きょうごう》、インテルの背番号《せばんごう》10をまかされた「ワンダーキッド」※がマテオ・コバチッチだ。その後も順調《じゅんちょう》に成長《せいちょう》し、21歳でレアル・マドリードへ。セリアAのユベントスが移籍金《いせききん》96億《おく》円で獲《かく》得《とく》をこころみたが、レアルはこれをことわったという。

国籍《こくせき》
クロアチア

生年月日
1994年5月6日

身長《しんちょう》・体重《たいじゅう》
178センチ・77キロ

能力《のうりょく》パラメータ

主《おも》な所属《しょぞく》チームと受賞歴《じゅしょうれき》	
チーム	ディナモ・ザグレブ（クロアチア）→インテル（イタリア）→レアル・マドリード（スペイン）
受賞	クロアチア年間若手《わかて》MVP《エムブイピー》（2011年）

※ワンダーキッド…10代《だい》から驚異的《きょういてき》（ワンダー）な活躍《かつやく》をする選手《せんしゅ》を英語《えいご》ではこうよぶ。「ワンダーボーイ」といわれることもある。

ナポリ

イタリアを沸《わ》かせる スロバキアの英雄《えいゆう》

57

マレク・ハムシク

国《こく》籍《せき》

スロバキア

生年月日

1987年7月27

身長《しんちょう》・体重《たいじゅう》

183センチ・79キ

能力《のうりょく》パラメー

ナポリのシンボル

次《つぎ》から次へと新しい才能《さいのう》が出てくるセリエA《アー》において、イタリア人以外《いがい》ではじめて若手《わかて》サッカー選手賞《せんしゅしょう》を受賞《じゅしょう》したのがマレク・ハムシクだ。パスセンスと高い決定力《けっていりょく》を武器《ぶき》に、2007年、20歳《さい》のときからナポリでプレーをつづけ、2016年にはセリエA300試合《しあい》出場を達《たっ》成《せい》。いまではキャプテンとして、クラブのシンボルとなっている。

主《おも》な所属《しょぞく》チームと受賞歴《じゅしょうれき》

チーム スロバン・ブラチスラバ（スロバキア）→ブレシア（イタリア）→ナポリ（イタリア） **受賞** セリエA《アー》若手《わかて》サッカー選手賞《せんしゅしょう》（2008年）、スロバキア年間MVP《エムブイピー》（2009年、2010年、2013年、2014年）

ワールドサッカーストーリーズ

知っておきたいサッカー史《し》

東《ひがし》ヨーロッパのサッカー

20世紀《せいき》における最高《さいこう》のFW《フォワード》のひとり、とよばれる男も、史上《しじょう》最高のGK《ゴールキーパー》とよばれる男も、どちらも東《ひがし》ヨーロッパ出身選手《しゅっしんせんしゅ》だ。うもれがちな彼《かれ》らの活躍《かつやく》にも光をあてよう。

記録《きろく》と記憶《きおく》にきざまれた東《ひがし》ヨーロッパの英雄《えいゆう》たち

2018年に開催《かいさい》されるロシアW《ワールド》杯《カップ》。その公式《こうしき》ポスターには、ひとりのGK《ゴールキーパー》の姿《すがた》が描《えが》かれている。元ソ連《れん》※代表《だいひょう》のレフ・ヤシンだ。黒いグローブと長い腕《うで》で活躍《かつやく》したことから「黒グモ」とよばれたGKで、オリンピック金メダル1回、ヨーロッパ選手《せんしゅ》権優勝《けんゆうしょう》1回。GKで史上《しじょう》ただひとり、バロンドールを受賞《じゅしょう》した伝説的《でんせつてき》な選《せん》手《しゅ》だ。ヤシンの偉業《いぎょう》をたたえて、国《こく》際《さい》サッカー連盟《れんめい》（FIFA《フィファ》）は、W杯の大会最優秀《さいゆうしゅう》GKにあたえられる賞に、※「レフ・ヤシン賞」という名《めい》称《しょう》をつけた。

※ソ連《れん》…ソビエト社会主義共和国連邦《しゃかいしゅぎきょうわこくれんぽう》のこと。ロシアの前身《ぜんしん》の国。
※レフ・ヤシン賞《しょう》…現在《げんざい》は「ゴールデン・グローブ賞」という名にかわっている。

もうひとつ、東《ひがし》ヨーロッパ出身選手の名にちなんだ賞がある。毎年《まいとし》、世界でもっともすぐれたゴールを表《ひょう》彰《しょう》する「FIFAプスカシュ賞」だ。1950年代、ハンガリー代表で活躍した伝説のFW《フォワード》、フィレンツェ・プスカシュの名前に由来《ゆらい》している。

プスカシュが活躍したころのハンガリーは、「マジック・マジャール※」の異名《いみょう》でよばれた世界最強チーム。1950年から約《やく》4年間、31試《し》合《あい》連《れん》続《ぞく》で負《ま》け知らず。1952年のオリンピックでは金メダルを獲得《かくとく》した。だが、1954年のW杯決勝《けっしょう》で西《にし》ドイツにまさかの敗北《はいぼく》。連勝記録《きろく》もここでとだえた。その後、1956年におきたハンガリー革命《かくめい》で身《み》の危険《きけん》を感じたプスカシュはスペインへ亡《ぼう》命《めい》。マジック・マジャール栄光《えいこう》の時《じ》代《だい》も終《お》わりをつげた。

独《どく》立《りつ》・分《ぶん》裂《れつ》騒《そう》動《どう》で悩《なや》む国のサッカー選《せん》手《しゅ》ができること

東《ひがし》ヨーロッパには、このハンガリーのように、政治《せいじ》の混乱《こんらん》から大会に出られなかったり、チームが分裂《ぶんれつ》したりという例《れい》がある。W杯《ワールドカップ》常連国《じょうれんこく》のクロアチアと、2014年W杯に初《はつ》出場したボスニア・ヘルツェゴビナも、かつてはユーゴスラビアというひとつの国だった。独立《どくりつ》・分裂騒動《ぶんれつそうどう》で国民《こくみん》が苦《くる》しむなか、選手《せんしゅ》たちはサッカーで結果《けっか》を出すことで、団結《だんけつ》する意義《いぎ》を世界《せかい》に知らしめているのだ。

※マジャール…ハンガリー語でハンガリーのこと。

次《つぎ》の時代《じだい》をリードする!?

アフリカのサッカー

ワールドサッカーストーリーズ

身体能力《しんたいのうりょく》にすぐれた選手《せんしゅ》が多く、才能《さいのう》の宝庫《ほうこ》、といわれるアフリカ大陸《たいりく》の選手《せんしゅ》たち。次《つぎ》のスター候補《こうほ》の出現《しゅつげん》を予想《よそう》するためにも、まずは先人たちの活躍《かつやく》をふりかえろう。

世界《せかい》に衝撃《しょうげき》をあたえた〝怪人《かいじん》〟と〝最年長《さいねんちょう》〟

2017年12月、政治《せいじ》の世界《せかい》とサッカー界が同時におどろくニュースが報《ほう》じられた。西《にし》アフリカに位置《いち》するリベリア共和国《きょうわこく》の次期大統領《じきだいとうりょう》に、元サッカー選手《せんしゅ》がえらばれたのだ。その男の名はジョージ・ウエア。かつてフランスのパリ・サンジェルマンやイタリアのAC《エーシー》ミランでプレーし、チャンピオンズリーグ得点王《とくてんおう》も経験《けいけん》。1995年にはバロンドールをアフリカ人選手で初受賞《はつじゅしょう》し、「リベリアの怪人《かいじん》」と称《しょう》された選手だった。

ヨーロッパのクラブで活躍《かつやく》したウエアとはちがい、W杯《ワールドカップ》で世界に衝撃《しょうげき》

をあたえたのが、カメルーン代表《だいひょう》で活躍したロジェ・ミラだ。一度《ど》引退《いんたい》したあと、1990年W杯に38歳《さい》で出場。4得点《とくてん》を決《き》め、「不屈《ふくつ》のライオン」とよばれたカメルーンをアフリカ勢《ぜい》初のベスト8にみちびいた。ミラは42歳のとき、1994年W杯にも出場してゴールを記録《きろく》。これはいまでもW杯史上最年長《しじょうさいねんちょう》ゴールだ。

アフリカのサッカーが世界《せかい》を制《せい》するため必要《ひつよう》なこと

W杯《ワールドカップ》でベスト8より先に進出《しんしゅつ》したアフリカの国はまだないが、オリンピックでは金メダルを獲得《かくとく》している。1996年アトランタ大会でのナイジェリア。そして、2000年シドニー大会でのカメルーンだ。このシドニー大会で活躍《かつやく》し、のちに世《せ》界的《かいてき》な選手《せんしゅ》になったのが「黒い宝《ほう》石《せき》」とよばれたサミュエル・エトーだ。バルセロナやインテルといった名門クラブでもエースストライカーとして君臨《くんりん》。アフリカ年間最優秀選《さいゆうしゅうせん》手賞《しゅしょう》4回受賞《じゅしょう》は史上最多《しじょうさいた》タイだ。

彼《かれ》ら先輩《せんぱい》たちの活躍《かつやく》ぶりから、「次《つぎ》の世界王者《おうじゃ》はアフリカ勢《ぜい》から出てくるはず」といわれている。そのための課題《かだい》は、組織的《そしきてき》なプレーをみがくこと。また、政治的《せいじてき》に混乱《こんらん》している国が多いなか、安心《あんしん》してプレーに集中《しゅうちゅう》できる環境《かんきょう》をととのえること。その意味《いみ》でも、大統領《だいとうりょう》になるウエアの政治手腕《せいじしゅわん》には、おおいに注目《ちゅうもく》だ。

マンチェスター・シティ

58 ヤヤ・トゥーレ

その偉《い》大《だい》な男の価《か》値《ち》、「黒い宝《ほう》石《せき》」クラス！

国《こく》籍《せき》
コートジボワール

生年月日
1983年5月13日

身長《しんちょう》・体重《たいじゅう》
188センチ・90キロ

能力《のうりょく》パラメータ

ヒーローの証《あかし》

- 母国を23年ぶりのアフリカ王者《おうじゃ》にみちびく
- アフリカ年間最優秀選手賞《さいゆうしゅうせんしゅしょう》を史上《しじょう》最多四度受賞《どじゅしょう》
- アフリカ出身選手年収《しゅっしんせんしゅねんしゅう》1位《い》になったことも

主《おも》な所属《しょぞく》チームと受賞歴《じゅしょうれき》	**チーム** ベフェレン（ベルギー）→メタルルグ・ドネツク（ウクライナ）→オリンピアコス（ギリシャ）→モナコ（モナコ公国《こうこく》）→バルセロナ（スペイン）→マンチェスター・シティ（イングランド） **受賞** アフリカ年間MVP《エムブイピー》（2011～2014年）、プレミアリーグベストイレブン（2012年、2014年）

実力《じつりょく》も名声もかせぐ金も アフリカナンバーワン

「黒い宝石《ほうせき》」とよばれ、アフリカ歴《れき》代最強選手《だいさいきょうせんしゅ》と名高いサミュエル・エトー※。彼《かれ》が残《のこ》した「アフリカ年間最《さい》優秀《ゆうしゅう》選手四度《ど》受賞《じゅしょう》」という前人未到《ぜんじんみとう》の記録《きろく》にならんだのが、コートジボワール出身《しゅっしん》のヤヤ・トゥーレだ。

名門クラブのバルセロナでも活躍《かつやく》したヤヤ・トゥーレだが、名声をより高めたのは2010年にプレミアリーグのマンチェスター・シティに移籍《いせき》してから。たしかなテクニックと試合《しあい》の流《なが》れを読む力でチームを引っぱり、2011―2012シーズンには44年ぶりのリーグ優勝《ゆうしょう》を達《たっ》成《せい》。この活躍ではじめてアフリカ年間最優秀選手にえらばれると、そこから4年連続《れんぞく》受賞という快挙《かいきょ》を達成した。2013―2014シーズンには、MF《ミッドフィルダー》にもかかわらず20ゴールを記録し、リーグ優勝とカップ戦《せん》の二冠《かん》を獲得《かくとく》。アフリカ出身選手のなかで年収《ねんしゅう》1位《い》も記録している。

伝説《でんせつ》リプレイ

マンチェスター・シティとの契約《けいやく》は、年俸《ねんぼう》1248万ポンド(約《やく》22億円《おくえん》)。週《しゅう》あたりでは約4400万円だ。

ヒーロー伝説《でんせつ》延長戦《えんちょうせん》

コートジボワール代表《だいひょう》でも13年間にわたって活躍《かつやく》。102試合《しあい》に出場し、W杯《ワールドカップ》には三度《ど》出場。2015年のアフリカネーションズカップではキャプテンとして、母国に23年ぶりとなるアフリカ王者《おうじゃ》のタイトルをもたらしている。

※サミュエル・エトー…バルセロナをはじめ、各国《かっこく》の名門クラブで点を決《き》めまくったアフリカ出身《しゅっしん》の世界的《せかいてき》ストライカー。

レスター・シティ

59 リヤド・マフレズ

レスター・シティに優勝《ゆうしょう》をはこんだ男

2014

〝奇跡《きせき》の優勝《ゆうしょう》〟に貢献《こうけん》

2015―2016シーズン、クラブ設立《せつりつ》133年目にしてリーグ初制覇《はつせいは》を達成《たっせい》したレスター・シティ。その〝奇跡《きせき》の優《ゆう》勝《しょう》〟の立役者《たてやくしゃ》のひとりであり、プレミアリーグMVP《エムブイピー》にえらばれたのが、リヤド・マフレズだ。2016年度《ど》のアフリカ年間最《さい》優秀選手賞《ゆうしゅうせんしゅしょう》も受賞《じゅしょう》したテクニシャンのもとには、ヨーロッパ中から移籍《いせき》の誘《さそ》いがとどいている。

主《おも》な所属《しょぞく》チームと受賞歴《じゅしょうれき》	
チーム	ル・アーブル（フランス）→レスター・シティ（イングランド）
受賞	アフリカ年間MVP《エムブイピー》（2016年）、プレミアリーグ年間MVP（2016年）、プレミアリーグベストイレブン（2016年）

国《こく》籍《せき》

アルジェリア

生年月日

1991年2月21日

身長《しんちょう》・体重《たいじゅう》

179センチ・62キロ

能力《のうりょく》パラメータ

バイエルン・ミュンヘン

60 アルトゥーロ・ビダル

勝利《しょうり》をもたらす「チリの戦士《せんし》」

みなぎる気迫《きはく》

「チリの戦士《せんし》」とよばれ、気迫《きはく》あふれるプレーでチームをもりたてるアルトゥーロ・ビダル。MF《ミッドフィルダー》としてだけでなく、サイドバックやセンターバックとしても高い能力《のうりょく》を見せ、驚異的《きょういてき》なジャンプ力で空中戦《くうちゅうせん》でも強さを発揮《はっき》。セリエA《アー》のユベントスでリーグ4連覇《れんぱ》。ブンデスリーガのバイエルンでリーグ連覇中と、戦士の前には勝利《しょうり》あるのみだ。

主《おも》な所属《しょぞく》チームと受賞歴《じゅしょうれき》	
チーム	コロコロ（チリ）→レバークーゼン（ドイツ）→ユベントス（イタリア）→バイエルン・ミュンヘン（ドイツ）
受賞	コパ・アメリカベストイレブン（2015年、2016年）

国籍《こくせき》

チリ

生年月日

1987年5月22日

身長《しんちょう》・体重《たいじゅう》

180センチ・75キロ

能力《のうりょく》パラメータ

バイエルン・ミュンヘン

61 ハメス・ロドリゲス

ブラジルで伝説《でんせつ》になった
コロンビアの若《わか》き英雄《えいゆう》

ヒーローの証《あかし》

- W杯《ワールドカップ》得点王《とくてんおう》と大会最優秀《たいかいさいゆうしゅう》ゴールを同時受賞《じゅしょう》
- 史上《しじょう》4位《い》（当時）の移籍金《いせききん》8000万ユーロ（約《やく》112億円《おくえん》）でレアル・マドリードに移籍《いせき》

国籍《こくせき》

コロンビア

生年月日

1991年7月12日

身長《しんちょう》・体重《たいじゅう》

180センチ・75キロ

能力《のうりょく》パラメータ

主《おも》な所属《しょぞく》チームと受賞歴《じゅしょうれき》	**チーム** エンビガド（コロンビア）→バンフィエルド（アルゼンチン）→ポルト（ポルトガル）→モナコ（モナコ公国《こうこく》）→レアル・マドリード（スペイン）→バイエルン・ミュンヘン（ドイツ） **受賞** W杯得点王《ワールドカップとくてんおう》（2014年）、W杯ベストイレブン（2014年）、リーガ・エスパニョーラベストイレブン（2015年）

世界《せかい》をみとめさせ、運命《うんめい》を切りひらいた一撃《いちげき》

世界《せかい》でもっとも注目《ちゅうもく》を集《あつ》めるスポーツイベント、サッカーW杯《ワールドカップ》。それだけに、活躍《かつやく》しだいでその選手《せんしゅ》の人生が大きくかわることがある。2014年のブラジルW杯をきっかけに運命《うんめい》を切りひらいたのが、コロンビア代表《だいひょう》の若《わか》きスター、ハメス・ロドリゲスだ。22歳《さい》の若《わか》さで代表10番をまかされたハメスは、大会序盤《じょばん》からゴールラッシュ。通算6ゴールを決《き》めて得点王《とくてんおう》となった。さらに、決勝《けっしょう》トーナメント初戦《しょせん》で決めた胸《むね》トラップからの豪快《ごうかい》なボレーシュートは、その大会最優秀《たいかいさいゆうしゅう》ゴールにえらばれ、その年の世界最優秀ゴール「FIFA《フィファ》プスカシュ賞《しょう》」も受賞《じゅしょう》した。

この活躍によって、少年時代《しょうねんじだい》からあこがれていたレアル・マドリードに背番号《せばんごう》「10」での移籍《いせき》が決定。日本のテレビCM《シーエム》にも出演《しゅつえん》するなど、世界的《せかいてき》な人気選手の仲間入《なかまい》りをはたしたのだ。

伝説《でんせつ》リプレイ

ブラジルW杯《ワールドカップ》では、ハメスのダメ押《お》しゴールで完敗《かんぱい》した日本。ロシアW杯でも戦《たたか》う予定《よてい》だが、どうなる？

ヒーロー伝説《でんせつ》延長戦《えんちょうせん》

かつて「コロンビアの英雄《えいゆう》」といえば、ライオンのような髪型《かみがた》で人気を集《あつ》めた代表《だいひょう》10番、※カルロス・バルデラマ。ハメスも少年時代《しょうねんじだい》にあこがれたこの人物から、直接《ちょくせつ》「わたしの後継者《こうけいしゃ》だ」といわれている。英雄は英雄を知るのだ。

※カルロス・バルデラマ…ペレがえらんだ「偉大《いだい》なサッカー選手《せんしゅ》100人」に、コロンビアからただひとりえらばれた偉人。

これが世界《せかい》の負《ま》けられない戦《たたか》い

トップリーグのライバルたち

本拠地《ほんきょち》がおなじか、ごく近い地域《ちいき》のチームどうしがライバル心むきだしで戦《たたか》うのが「ダービーマッチ」。そのなかから、熱狂《ねっきょう》レベルがひときわ高い5つをご紹介《しょうかい》。

バルサ対《たい》レアルの「エル・クラシコ」

スペインからの独立《どくりつ》という声さえあがるカタルーニャ州《しゅう》のバルセロナ対《たい》、首都《しゅと》マドリードが誇《ほこ》るレアル・マドリードという、スペイン伝統《でんとう》の戦《たたか》い。リーガ・エスパニョーラの優《ゆう》勝《しょう》を占《うらな》うためにも重要《じゅうよう》で、世界《せかい》のサッカーファンが注目《ちゅうもく》する一戦《いっせん》だ。

2000年、バルサから宿敵《しゅくてき》レアルへ〝禁断《きんだん》の移籍《いせき》〟をしたルイス・フィーゴ。それをうらんでか、古巣《ふるす》バルサの本拠地《ほんきょち》、カンプ・ノウスタジアムにのりこんでプレーしたフィーゴにむかって、観客席《かんきゃくせき》から豚《ぶた》の頭が投《な》げつけられる事件《じけん》がおきた。

ボカ対《たい》リーベルプレートの「スーペルクラシコ」

アルゼンチンきってのライバル関《かん》係《けい》は、労働者《ろうどうしゃ》中心の熱狂的《ねっきょうてき》サポーターが多いボカ・ジュニアーズ対《たい》、裕《ゆう》福《ふく》な人びとに支持《しじ》されるリーベルプレートの戦《たたか》い。1913年からつづく因縁《いんねん》の対決《たいけつ》は「スーペルクラシコ」※とよばれ、世界《せかい》のダービーマッチのなかでも、もっともはげしい戦いのひとつとして知られている。

1968年には両《りょう》クラブのサポーターが衝突《しょうとつ》し、71人が死亡《しぼう》するというアルゼンチンサッカー史上最悪《しじょうさいあく》の事件《じけん》も発生《はっせい》。いまも試合《しあい》当日には、何千人もの警察官《けいさつかん》が動員《どういん》される。

ユナイテッド対《たい》リバプールの「ノースウェスト・ダービー」

プレミアリーグきってのビッグクラブ、マンチェスター・ユナイテッドとリバプールの戦《たたか》いが「ノースウェスト・ダービー」だ。国を代表《だいひょう》する戦いであることから「イングランド・ダービー」ともいわれている。

イングランド北西部《ほくせいぶ》（ノースウェスト）にある工業都市《こうぎょうとし》マンチェスターと港町《みなとまち》リバプールは距離《きょり》も近いため、「マンチェスターがつくり、リバプールが売る」という近しい関係《かんけい》性《せい》。だからこそ、ライバル意識《いしき》も強い。サポーターが酔《よ》って暴《あば》れるのをふせぐため、昼間《ひるま》に試合《しあい》をすることも。

※スーペルクラシコ…「スーペル」は“超《ちょう》”や“スーパー”の意味《いみ》。クラシコは“伝統《でんとう》の一戦《いっせん》”。つまり、超伝統の一戦。

ローマ対《たい》ラツィオの「ローマ・ダービー」

セリエA《アー》のダービーマッチといえば、ともにミラノが本拠地《ほんきょち》のインテル対《たい》AC《エーシー》ミランの「ミラノ・ダービー」や、イタリア最古《さいこ》のダービーで、ユベントスとトリノが対戦《たいせん》する「トリノ・ダービー」などが有名《ゆうめい》だ。

だが、それらをしのぐとされる熱《ねっ》戦《せん》が、首都《しゅと》ローマを舞台《ぶたい》にするローマ対ラツィオの一戦。古代《こだい》ローマ時代から数えきれないほどの戦闘《せんとう》をしてきたローマ人の血《ち》がさわぐ、ともいわれる戦いだ。2004年にはハーフタイム中にスタンドで暴動《ぼうどう》がおき、後半開始《かいし》が遅《おく》れる騒《さわ》ぎもあった。

セルティック対《たい》レンジャーズの「オールドファーム」

スコットランドサッカーにおけるもっとも有名《ゆうめい》なダービーマッチが「オールドファーム」。ともに首都《しゅと》グラスゴーをホームにするセルティックとレンジャーズの一戦《いっせん》だ。かつてある新聞が、「古くからの親友どうし(オールド・ファーム・フレンズ)の戦《たたか》いのようだ」と書いたことから、こうよばれている。

2008年の戦いでスーパーゴールを決《き》めたのが、当時セルティックでプレーしていた※中村俊輔《なかむらしゅんすけ》。スコットランドでは、いまも「伝説《でんせつ》のシュート」として語りつがれている。

※ 中村俊輔《なかむらしゅんすけ》…日本代表《だいひょう》10番を10年間背負《せお》いつづけた名選手《めいせんしゅ》。フリーキックは世界《せかい》レベル。

第三章

～チームを、誇《ほこ》りを、守《まも》りぬく～

ディフェンダー・ゴールキーパー編《へん》

パリ・サンジェルマン

62

チアゴ・シウバ

世界《せかい》の頂点《ちょうてん》に立つ
最強《さいきょう》のモンスターDF《ディフェンダー》

国《こく》　籍《せき》
ブラジル

生年月日
1984年9月22日

身長《しんちょう》・体重《たいじゅう》
183センチ・79キロ

能力《のうりょく》パラメータ

ヒーローの証《あかし》

- 「セリエA最優秀《アーさいゆうしゅう》DF《ディフェンダー》賞《しょう》」の初代受賞者《しょだいじゅしょうしゃ》
- ブラジル代表《だいひょう》不動《ふどう》のセンターバック
- 世界《せかい》ベストイレブンとW杯《ワールドカップ》ベストイレブンを受賞《じゅしょう》

主《おも》な所属《しょぞく》チームと受賞歴《じゅしょうれき》

チーム ジュベントゥージ（ブラジル）→ポルト（ポルトガル）→ディナモ・モスクワ（ロシア）→フルミネンセ（ブラジル）→AC《エーシー》ミラン（イタリア）→パリ・サンジェルマン（フランス） **受賞** セリエA《アー》最優秀《さいゆうしゅう》DF《ディフェンダー》賞《しょう》(2011年)、W《ワールド》杯《カップ》ベストイレブン(2014年)、世界《せかい》ベストイレブン(2013～2015年)

守備重視《しゅびじゅうし》のセリエA《アー》で守《まも》りの頂点《ちょうてん》に立った男

2000年代《だい》、鉄壁《てっぺき》の守備《しゅび》を誇《ほこ》るイタリア代表《だいひょう》でも、セリエA《アー》のAC《エーシー》ミランでも、「世界最強《せかいさいきょう》のDF《ディフェンダー》コンビ」といわれたのが、※パオロ・マルディーニと※アレサンドロ・ネスタ。この最強のふたりが「自分の後《こう》継者《けいしゃ》」、「最強DF」とほめたたえた選手《せんしゅ》こそ、ブラジル代表DFのチアゴ・シウバだ。

スピードとジャンプ力にすぐれたDFとして2008年からブラジル代表で活躍《かつやく》しだしたシウバ。その翌《よく》年《とし》、24歳《さい》のときにACミランに移籍《いせき》すると、ふたりの世界的《せかいてき》DFをお手本に、戦術《せんじゅつ》を理解《りかい》する力、ポジショニングなどDFに必要《ひつよう》なすべての要《よう》素《そ》がさらにレベルアップ。その成果《せいか》がみとめられ、2011年に創設《そうせつ》された「セリエA最優秀《さいゆうしゅう》DF賞《しょう》」の初《しょ》代《だい》受賞者《じゅしょうしゃ》にえらばれた。尊敬《そんけい》の意味《いみ》をこめ、人は彼《かれ》を「モンスターセンターバック」とよんでいる。

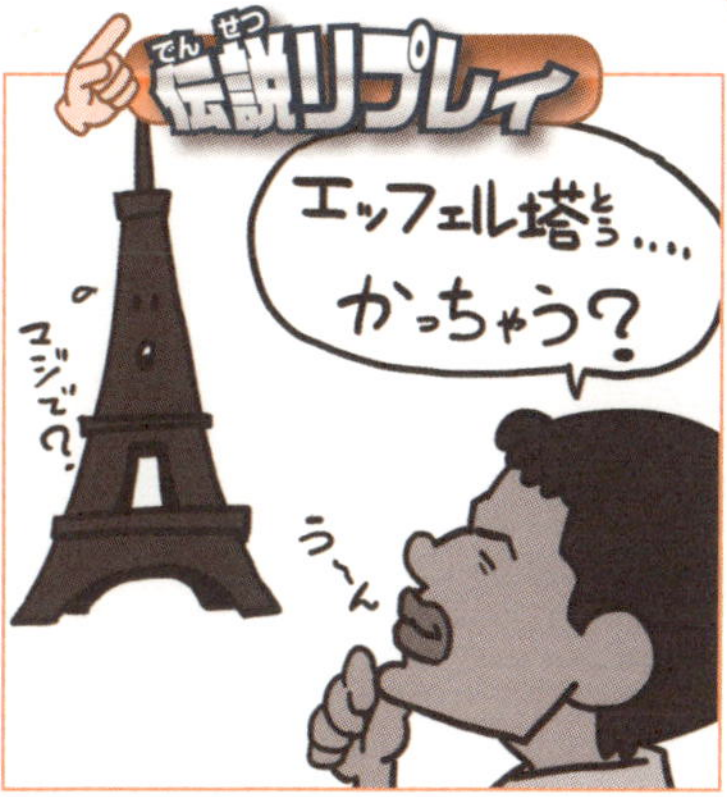

パリでの年俸《ねんぽう》は約《やく》1200万ユーロ（17億円《おくえん》）。金額《きんがく》の面《めん》でも、センターバックの世界最高峰《せかいさいこうほう》だ。

ヒーロー伝説《でんせつ》延長戦《えんちょうせん》

2012年にパリ・サンジェルマンへと移籍《いせき》し、リーグ4連覇《れんぱ》を達成《たっせい》したシウバ。契約《けいやく》は2020年まであるが、それでも一番大切なクラブは自分を成長《せいちょう》させてくれたミラン。「復帰《ふっき》の可能性《かのうせい》はつねにあるよ」とミラン愛《あい》を語っている。

※パオロ・マルディーニ…W《ワールド》杯《カップ》最多《さいた》フル出場試合数《しあいすう》1位《い》など、さまざまな記録《きろく》をもつ伝説《でんせつ》のサイドバック。背番号《せばんごう》3はミランの永久欠番《えいきゅうけつばん》。

※アレサンドロ・ネスタ…「イタリア史上最高《しじょうさいこう》のDF《ディフェンダー》」とよばれる伝説《でんせつ》のセンターバック。

パリ・サンジェルマン

ブラジルが誇《ほこ》る世界《せかい》最高《さいこう》の右サイドバック

63 ダニエウ・アウベス

国《こく》籍《せき》

ブラジル

生年月日

1983年5月6日

身長《しんちょう》・体重《たいじゅう》

172センチ・70キロ

能力《のうりょく》パラメータ

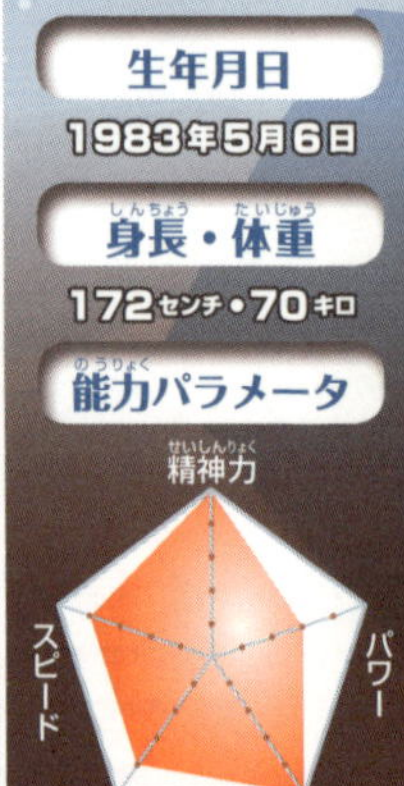

ヒーローの証《あかし》

- バルセロナ所属《しょぞく》だった8シーズンで102アシスト。合計23タイトルの原動力《げんどうりょく》に
- 世界《せかい》ベストイレブンを通算七度《ど》受賞《じゅしょう》

主《おも》な所属《しょぞく》チームと受賞歴《じゅしょうれき》	**チーム** バイーア（ブラジル）→セビージャ（スペイン）→バルセロナ（スペイン）→ユベントス（イタリア）→パリ・サンジェルマン（フランス） **受賞** 世界《せかい》ベストイレブン（2009年、2011～2013年、2015～2017年）、リーガ・エスパニョーラベストイレブン（2015年）

得点《とくてん》と勝利《しょうり》をもたらす右サイドのアシスト王

身長《しんちょう》は172センチと小さめだが、存在感《そんざいかん》はだれよりも大きい男。それが「世界最高《せかいさいこう》の右サイドバック（SB）」といわれる、ブラジル代表《だいひょう》のダニエウ・アウベスだ。

相手《あいて》をおきざりにするオーバーラップ※。そして、右サイドからの正確《せいかく》なクロスとパスでチャンスをうみだすアシスト能力《のうりょく》が評価《ひょうか》され、SBの選手《せんしゅ》では当時史上最高額《しじょうさいこうがく》の移籍金《いせききん》でバルセロナへ。チームの得点源《とくてんげん》であるメッシにもっとも多くのアシストをした男といわれ、バルセロナにいた8シーズンで、DF《ディフェンダー》登録《とうろく》選手ではほかに例《れい》のない102アシストを記《き》録《ろく》。バルセロナにリーグ優勝《ゆうしょう》6回、チャンピオンズリーグ優勝3回など、計23のタイトルをもたらしたのだ。その実力《じつりょく》から、世界中のプロサッカー選手による投票《とうひょう》で決《き》まる「世界ベストイレブン」にも、通算七度《ど》えらばれている。

伝説《でんせつ》リプレイ

過去《かこ》に所属《しょぞく》したクラブとブラジル代表《だいひょう》で、通算34個《こ》のタイトルを獲得《かくとく》。これは歴代《れきだい》3位《い》の多さだ。

ヒーロー伝説《でんせつ》延長戦《えんちょうせん》

私生活《しせいかつ》では仲間思《なかまおも》いなことで知られ、元チームメイトのエリック・アビダル選手《せんしゅ》が肝臓《かんぞう》の病気《びょうき》になったときには、臓器《ぞうき》の提供《ていきょう》を申《もう》しでたほど。「命《いのち》がかかっているのなら、サッカーは二《に》の次《つぎ》だ」と熱《あつ》い気もちを語っている。

※オーバーラップ…うしろのポジションから長い距離《きょり》を走って攻撃《こうげき》に参加《さんか》すること。

レアル・マドリード

64 マルセロ

ブラジルの伝統《でんとう》を継《つ》ぐ
世界最高《せかいさいこう》の左サイドバック

国《こく》　籍《せき》

ブラジル

生年月日

1988年5月12日

身長《しんちょう》・体重《たいじゅう》

174センチ・75キロ

能力《のうりょく》パラメータ

2014

ヒーローの証《あかし》

- レアル・マドリードでリーグ優勝《ゆうしょう》４回、チャンピオンズリーグ優勝３回
- 世界《せかい》ベストイレブンを通算四度受賞《どじゅしょう》

主《おも》な所属《しょぞく》チームと受賞歴《じゅしょうれき》	**チーム** フルミネンセ（ブラジル）→レアル・マドリード（スペイン） **受賞** 世界《せかい》ベストイレブン（2012年、2015～2017年）

敵《てき》の守《まも》りをつきくずす、左サイドの別次元男《べつじげんおとこ》

1990年代《だい》なかごろから10年以上《いじょう》にわたり、圧倒的《あっとうてき》な攻撃力《こうげきりょく》で「歴代最強《れきだいさいきょう》の左サイドバック（SB）」「SBの役割《やくわり》をかえた男」といわれた選手《せんしゅ》がいる。ブラジル代表《だいひょう》やレアル・マドリードで活躍《かつやく》し、「ロベカル」の愛称《あいしょう》で親しまれたロベルト・カルロス※だ。いま、その伝説《でんせつ》の選手の後継者《こうけいしゃ》と評価《ひょうか》されているのがマルセロ。左サイドからの正確《せいかく》なクロスはもちろん、なかに切りこんでみずからシュートを決《き》める突破力《とっぱりょく》・得点力《とくてんりょく》も魅力《みりょく》。さらに、安定《あんてい》した守備力《しゅびりょく》も自慢《じまん》で、ロベカルとおなじように、ブラジル代表とレアル・マドリードの左サイドを支配《しはい》している。

そんなマルセロの能力《のうりょく》に度肝《どぎも》を抜《ぬ》かれたのが日本代表、長友佑都《ながともゆうと》。長友も世界的《せかいてき》な左SBだが、試合《しあい》でマルセロと直接対決《ちょくせつたいけつ》したあと、「別次元《べつじげん》やった」とそのすごさに脱帽《だつぼう》している。

伝説《でんせつ》リプレイ

マルセロの別次元《べつじげん》ぶりについて、長友《ながとも》は「イニエスタがサイドバックしてるみたいな感《かん》じ」と回答《かいとう》。

ヒーロー伝説《でんせつ》延長戦《えんちょうせん》

マルセロの息子《むすこ》、エンツォ君《くん》は８歳《さい》でレアル・マドリードの下部《かぶ》チームに入団《にゅうだん》。父ににたアフロヘアだが、父とちがってポジションはFW《フォワード》。デビュー戦《せん》でいきなりハットトリックを決《き》めるなど、将来有望《しょうらいゆうぼう》な「マルセロの後継者《こうけいしゃ》」だ。

※ロベルト・カルロス…「悪魔《あくま》の左足」とよばれた左足からの強烈《きょうれつ》なシュートで、代表《だいひょう》でもクラブでも世界一《せかいいち》を経験《けいけん》。

65 ダビド・ルイス

チェルシー

鉄壁《てっぺき》ディフェンス
積極《せっきょく》オフェンス

攻守《こうしゅ》にたよれるＤＦ《ディフェンダー》

一対《たい》一の守備《しゅび》が光るセンターバック。足もとの技術《ぎじゅつ》がＭＦ《ミッドフィルダー》なみに高く、ときに中盤《ちゅうばん》でもプレーして、するどいパスやフリーキックも決《き》めてしまう万能選《ばんのうせん》手《しゅ》だ。チェルシーやパリ・サンジェルマンと、所属《しょぞく》したクラブではほとんどのシーズンで優勝《ゆうしょう》を経験《けいけん》。２０１６―２０１７シーズンには、プレミアリーグベストイレブンも受賞《じゅしょう》している。

国《こく》籍《せき》
ブラジル

生年月日
1987年4月22日

身長《しんちょう》・体重《たいじゅう》
189センチ・84キロ

能力《のうりょく》パラメータ

主《おも》な所属《しょぞく》チームと受賞歴《じゅしょうれき》

チーム ビトーリア（ブラジル）→ベンフィカ（ポルトガル）→チェルシー（イングランド）→パリ・サンジェルマン（フランス）→チェルシー **受賞** ポルトガル年間MVP《エムブイピー》（2010年）、プレミアリーグベストイレブン（2017年）

アトレティコ・マドリード

66 ディエゴ・ゴディン

闘将《とうしょう》の魂《たましい》を現実《げんじつ》のものにする男

国《こく》籍《せき》
ウルグアイ

生年月日
1986年2月16

身長《しんちょう》・体重《たいじゅう》
187センチ・79キロ

能力《のうりょく》パラメータ

「鉄壁《てっぺき》の守備《しゅび》」の象徴《しょうちょう》

リーガ・エスパニョーラのなかでも鉄壁《てっぺき》の守備《しゅび》で知られるアトレティコ・マドリード。その象徴《しょうちょう》がセンターバックのディエゴ・ゴディンだ。リーダーシップと身体能力《しんたいのうりょく》にすぐれ、空中戦《くうちゅうせん》にもめっぽう強い。闘将《とうしょう》とよばれるディエゴ・シメオネ監督《かんとく》を強く信頼《しんらい》し、「シメオネのためなら死《し》ぬまで戦《たたか》う」と語る。ウルグアイ代表《だいひょう》でも不動《ふどう》の存在《そんざい》だ。

主《おも》な所属《しょぞく》チームと受賞歴《じゅしょうれき》	チーム セロ（ウルグアイ）→ナシオナル・モンテビデオ（ウルグアイ）→ビジャレアル（スペイン）→アトレティコ・マドリード（スペイン）

バイエルン・ミュンヘン

67 マッツ・フンメルス

人気と実力《じつりょく》をかねそなえた
イケメンすぎるDF《ディフェンダー》

ヒーローの証《あかし》

- ドイツ代表《だいひょう》不動《ふどう》のセンターバックとしてブラジルW杯《ワールドカップ》優勝《ゆうしょう》に貢献《こうけん》。ベストイレブンにも選出《せんしゅつ》
- ファウルが少ないクリーンなDF《ディフェンダー》

国《こく》籍《せき》
ドイツ

生年月日
1988年12月16日

身長《しんちょう》・体重《たいじゅう》
191センチ・92キロ

能力《のうりょく》パラメータ

主《おも》な所属《しょぞく》チームと受賞歴《じゅしょうれき》	
チーム	バイエルン・ミュンヘン→ドルトムント→バイエルン・ミュンヘン（すべてドイツ）
受賞	W杯《ワールドカップ》ベストイレブン（2014年）

ファウルも点も取《と》られないクリーン&《アンド》鉄壁《てっぺき》なDF《ディフェンダー》

DF《ディフェンダー》にとって、味方《みかた》ゴール前はまさに戦場《せんじょう》。ピンチのときには、「点を取《と》られるくらいなら」と、ファウル覚悟《かくご》のプレーを選択《せんたく》する選手《せんしゅ》もめずらしくない。だが、ファウルは次《つぎ》のピンチへの第一歩《だいいっぽ》。一流《いちりゅう》のDFほど、むやみにファウルは取られない。そのよい例《れい》が、ドイツ代表《だいひょう》のマッツ・フンメルスだ。

2010—2011シーズン、ドルトムント守備陣《しゅびじん》をひきいたフンメルスは、ブンデスリーガの最少失点《さいしょうしってん》記録《きろく》21にせまる22失点で、リーグ優《ゆう》勝《しょう》に貢献《こうけん》。1試合《しあい》あたりのファウル数もヨーロッパ主要《しゅよう》リーグのセンターバックでもっとも少なく、イエローカードはたった2枚《まい》だけ。これほどファウルが少ないのは、試合《しあい》の流《なが》れを読む力と、足もとの技術《ぎじゅつ》にすぐれているから。ブラジルW杯《ワールドカップ》ではドイツを優勝にみちびき、ベストイレブンにかがやいている。

伝説《でんせつ》リプレイ

ファッション誌《し》の表紙《ひょうし》になったこともあるフンメルス。泥《どろ》くさいプレーやファウルは、にあわないのだ。

ヒーロー伝説《でんせつ》延長戦《えんちょうせん》

サッカー界屈指《かいくっし》のイケメン、フンメルス。2017年からは、年俸《ねんぽう》の1パーセントを慈善団体《じぜんだんたい》に寄付《きふ》することを発表《はっぴょう》した。プレーだけでなく心もクリーン（きれい）で、おまけに顔も美《うつく》しい、非《ひ》の打《う》ちどころのない選手《せんしゅ》だ。

バイエルン・ミュンヘン

攻守《こうしゅ》でかがやく
ドイツの「新たなる皇帝《こうてい》」

68
ジェローム・ボアテング

国籍《こくせき》

ドイツ

生年月日

1988年9月3日

身長《しんちょう》・体重《たいじゅう》

192センチ・90キロ

能力《のうりょく》パラメータ

ヒーローの証《あかし》

- 優勝《ゆうしょう》したブラジルW杯《ワールドカップ》で全試合《ぜんしあい》に出場
- ユーロ2016でベストイレブンにかがやく
- バイエルン・ミュンヘンの5連覇《れんぱ》に貢献《こうけん》

主《おも》な所属《しょぞく》チームと受賞歴《じゅしょうれき》	
チーム	ヘルタ・ベルリン（ドイツ）→ハンブルガーSV《エスブイ》（ドイツ）→マンチェスター・シティ（イングランド）→バイエルン・ミュンヘン（ドイツ）
受賞	ドイツ年間MVP《エムブイピー》（2016年）、ユーロベストイレブン（2016年）

穴《あな》のない鉄壁《てっぺき》の守備《しゅび》と穴を通すロングフィード

1970年代《だい》、バイエルン・ミュンヘンと西《にし》ドイツ代表《だいひょう》に黄金時代《おうごんじだい》をもたらし、「皇帝《こうてい》」とよばれたフランツ・ベッケンバウアー。いま、その「皇帝」の名でよばれることがあるのがジェローム・ボアテングだ。ドイツが優勝《ゆうしょう》した2014年ブラジルW杯《ワールドカップ》では全試合《ぜんしあい》に出場。また、バイエルン・ミュンヘンでは前人未到《ぜんじんみとう》のブンデスリーガ5連覇《れんぱ》を達成《たっせい》し、2016年にはドイツ年間最優秀選《さいゆうしゅうせん》手《しゅ》にもえらばれた。

高い身体能力《しんたいのうりょく》をいかした守備《しゅび》はもちろん、DF《ディフェンダー》ながら攻撃《こうげき》の第一歩《だいいっぽ》となるパスも一級品《いっきゅうひん》。とくに、ねらったところに正確《せいかく》に蹴《け》りこむロングフィード※は、試合の流《なが》れを一発《いっぱつ》でかえるプレーとして代表でもクラブでも大きな武器《ぶき》に。攻守両面《こうしゅりょうめん》で活躍《かつやく》するボアテングを、ベッケンバウアー本人も「彼《かれ》は世界《せかい》最高のDFのひとりだ」とみとめている。

伝説《でんせつ》リプレイ

50メートルをこえる距離《きょり》でも正確《せいかく》なパスを決《き》めるボアテング。しかも、左右どちらの足でもOK《オーケー》だ。

ヒーロー伝説《でんせつ》延長戦《えんちょうせん》

父はガーナ人、母はドイツ人のボアテング。異母《いぼ》兄弟で、フランクフルトでプレーするMF《ミッドフィルダー》、ケビン・プリンス・ボアテングはガーナ代表《だいひょう》をえらんだ。ふだんは仲《なか》のいいふたりだが、ブラジルW杯《ワールドカップ》では兄弟対決《たいけつ》をくりひろげた。

※ロングフィード…前線《ぜんせん》へおくる長いパスのこと。「フィード」とは供給《きょうきゅう》する、という意味《いみ》の英語《えいご》。

バイエルン・ミュンヘン

69

ヨシュア・キミッヒ

次世代《じせだい》の世界最高《せかいさいこう》右サイドバック

「ラームの後継者《こうけいしゃ》」

2017年に現役引退《げんえきいんたい》するまで「世界最高《せかいさいこう》の右サイドバック」とよばれたフィリップ・ラーム※。いま、そのラームの後継《こうけい》者《しゃ》として名声を高めているのがヨシュア・キミッヒだ。ドイツ代表《だいひょう》、そしてバイエルン・ミュンヘンと、かつてラームが栄光《えいこう》をきわめたチームで右サイドバックをまかされ、22歳《さい》にしてすでに不動《ふどう》の地位《ちい》を築《きず》いている。

国籍《こくせき》

ドイツ

生年月日

1995年2月8日

身長《しんちょう》・体重《たいじゅう》

176センチ・70キロ

能力《のうりょく》パラメータ

主《おも》な所属《しょぞく》チームと受賞歴《じゅしょうれき》	
チーム	ライプツィヒ→バイエルン・ミュンヘン（いずれもドイツ）
受賞	ユーロベストイレブン（2016年）

※フィリップ・ラーム…ドイツ代表《だいひょう》キャプテンとして2014年W《ワールド》杯《カップ》で優勝《ゆうしょう》。バイエルン・ミュンヘンでの前人未到《ぜんじんみとう》リーグ5連覇《れんぱ》を置《お》き土産《みやげ》に現役引退《げんえきいんたい》した。

バルセロナ

70

サミュエル・ウムティティ

国籍《こくせき》

フランス

生年月日

1993年11月14

身長《しんちょう》・体重《たいじゅう》

182センチ・75キ

能力《のうりょく》パラメータ

パスセンスにすぐれた
若手《わかて》ナンバーワンDF《ディフェンダー》

“次世代最強《じせだいさいきょう》”DF《ディフェンダー》

けがをした選手《せんしゅ》の代役《だいやく》でよばれたユーロ2016で一気に評《ひょう》価《か》を高めたのがフランス代表《だいひょう》のサミュエル・ウムティティ。バルセロナ加入《かにゅう》1年目の2016―2017シーズン、高い戦術《せんじゅつ》理解力《りかいりょく》ですぐにクラブになじみ、リーグ最高《さいこう》のパス成功率《せいこうりつ》92・9パーセントを記録《きろく》。身体能力《しんたいのうりょく》とテクニックにすぐれ、次世代最《じせだいさい》強《きょう》のDF《ディフェンダー》、とよばれている。

主《おも》な所属《しょぞく》チームと受賞歴《じゅしょうれき》	チーム　リヨン（フランス）→バルセロナ（スペイン）

日本を強くした恩人《おんじん》

J《ジェイ》リーグにきたヒーローたち

J《ジェイ》リーグ開幕《かいまく》から25年。この間、何人もの「世界《せかい》を知る男たち」が来日し、その技術《ぎじゅつ》と経験《けいけん》を伝《つた》えてくれている。日本サッカーの“いま”があるのは、彼《かれ》らのおかげなのだ。

W杯《ワールドカップ》大会得点王《とくてんおう》がズラリ 世界《せかい》の点取《てんと》り屋《や》・FW《フォワード》編《へん》

サッカー史《し》にその名をとどろかす、歴代《れきだい》W杯《ワールドカップ》得点王《とくてんおう》。彼《かれ》らの多くが、のちにJ《ジェイ》リーグでプレーしている。

Jリーグ元年の1993年、鳴《な》り物入《ものい》りで名古屋《なごや》グランパスに加入《かにゅう》したのが1986年メキシコ大会の得点王、ゲイリー・リネカー（イングランド）。また、1990年イタリア大会の得点王、サルバトーレ・スキラッチ（イタリア）は、1994年にジュビロ磐田《いわた》に入団《にゅうだん》。2年目に31得点《とくてん》を決《き》め、その力を見せつけた。

1994年アメリカ大会得点王のフリスト・ストイチコフ（ブルガリ

ア）は1998年、柏《かしわ》レイソルに入団。最近《さいきん》では2010年南《みなみ》アフリカ大会得点王とMVP《エムブイピー》にもかがやいたディエゴ・フォルラン（ウルグアイ）がセレッソ大阪《おおさか》でプレーしている。

W杯得点王以外《いがい》でも、世界的《せかいてき》なストライカーが何人も来日。横浜《よこはま》マリノスでプレーしたJリーグ初代《しょだい》得点王のラモン・ディアスは元アルゼンチン代表。元ブラジル代表のふたりのスター、カレカは柏レイソルで、ベベットは鹿島《かしま》アントラーズでプレー。ユベントスやバルセロナ、レアル・マドリードといった名門クラブで活躍《かつやく》したミカエル・ラウドルップ（デンマーク）は、ヴィッセル神戸《こうべ》のJリーグ昇格《しょうかく》の原動力《げんどうりょく》となった。

選手《せんしゅ》でも指導者《しどうしゃ》でも超一流《ちょういちりゅう》 言葉巧《ことばたく》みな司令塔《しれいとう》・MF《ミッドフィルダー》編《へん》

世界《せかい》レベルのプレーを披露《ひろう》し、J《ジェイ》リーグでもたしかな存在感《そんざいかん》を見せつけたのは、MF《ミッドフィルダー》のヒーローたちだ。代表例《だいひょうれい》が鹿島《かしま》アントラーズを常勝《じょうしょう》軍団《ぐんだん》にそだてあげたブラジルの英雄《えいゆう》、「神様《かみさま》」ジーコだ。40歳《さい》をこえてもレベルのちがうプレーを見せたが、それ以上《いじょう》に、高いプロ意識《いしき》が日本人選手《せんしゅ》の手本となった。のちに日本代表監督《かんとく》にも就任《しゅうにん》。日本サッカーへもたらした影響《えいきょう》は絶大《ぜつだい》だ。

おなじように、プレーと言葉《ことば》の両面《りょうめん》で強い影響を残《のこ》したのが、ジュビロ磐田《いわた》を強豪《きょうごう》クラブへとみちびい

た、元ブラジル代表《だいひょう》キャプテンのドゥンガと、選手《せんしゅ》としても監督《かんとく》としても名古屋《なごや》グランパスで活躍《かつやく》したドラガン・ストイコビッチ（ユーゴスラビア）だ。とくにストイコビッチは、選手として二度《ど》の天皇杯優勝《てんのうはいゆうしょう》。監督としてはリーグ優勝を達成《たっせい》し、Ｊ《ジェイ》リーグ最優秀監督賞《さいゆうしゅうかんとくしょう》も受賞《じゅしょう》した。

W杯《ワールドカップ》優勝経験《けいけん》のあるスター選手としては、Ｊリーグ元年にジェフ市原《いちはら》に入団《にゅうだん》したピエール・リトバルスキー（西《にし》ドイツ）もいる。華麗《かれい》なドリブルはＪリーグでも健在《けんざい》。彼《かれ》もまた、引退後《いんたいご》に横浜《よこはま》ＦＣ《エフシー》やアビスパ福岡《ふくおか》の監督として、長く日本サッカーと関《かか》わりをもった。ちなみに、日本人と結婚《けっこん》し、日本語もペラペラになった。

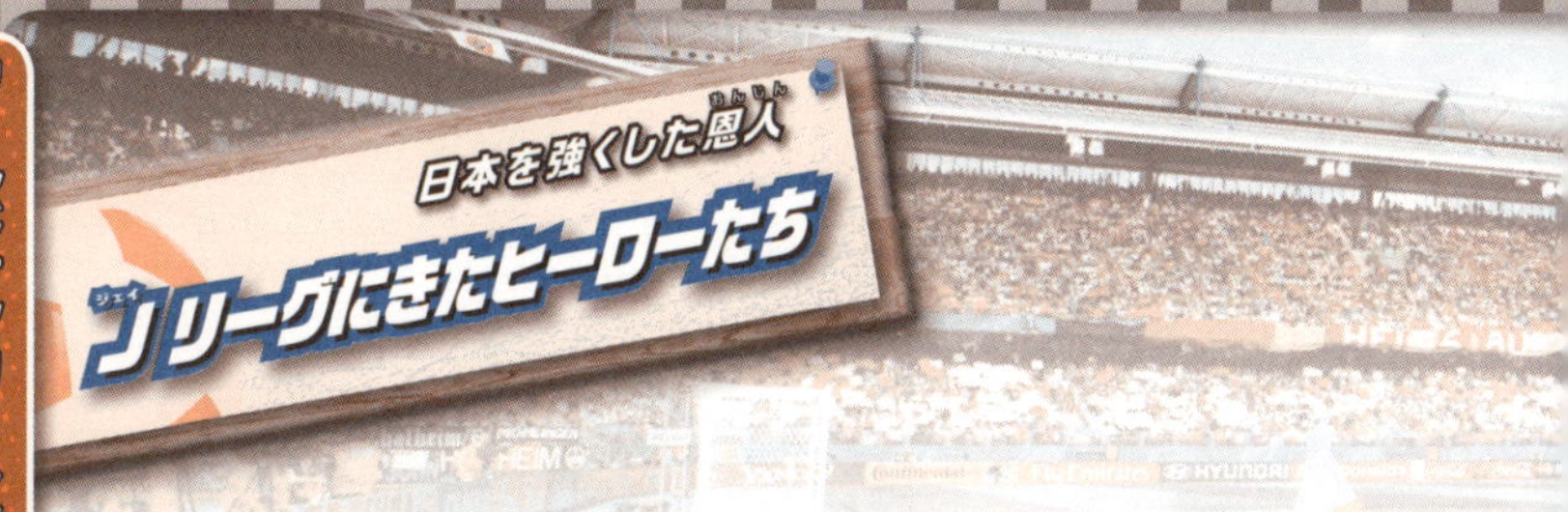

日本を強くした恩人《おんじん》
J《ジェイ》リーグにきたヒーローたち

W杯《ワールドカップ》優勝《ゆうしょう》メンバーが来日
チームを見《み》守《まも》る砦《とりで》・DF《ディフェンダー》編《へん》

FW《フォワード》やMF《ミッドフィルダー》にくらべると数は少ないが、DF《ディフェンダー》でも世界《せかい》レベルのプレーを見せた選手《せんしゅ》たちがいる。

ジーコに誘《さそ》われ、鹿島《かしま》アントラーズに入団《にゅうだん》したのが、1994年W杯《ワールドカップ》で優勝《ゆうしょう》したブラジル代表《だいひょう》の左サイドバックだったレオナルドと、右サイドバックだったジョルジーニョだ。

とくにレオナルドは、そのイケメンぶりから「レオ様《さま》」とよばれ、人気《にんき》者《もの》に。鹿島退団後《たいだんご》はAC《エーシー》ミランでプレーし、監督《かんとく》にまでなった人物《じんぶつ》だ。

おなじくW杯優勝経験《けいけん》を引っさげて、浦和《うらわ》レッズに入団したのが、ギド・ブッフバルト（西《にし》ドイツ）。1990年W杯では、あのマラドーナを完璧《かんぺき》に封《ふう》じこめる密着《みっちゃく》マークで優勝に貢献《こうけん》。その守備力《しゅびりょく》はレッズでも発揮《はっき》され、2年連続《れんぞく》ベストイレブンの活躍《かつやく》とゲルマン魂《だましい》の注入《ちゅうにゅう》で、当時弱小だったレッズを強豪《きょうごう》クラブへと引っぱりあげた。ブッフバルトは引退後《いんたいご》、監督としてレッズに復帰《ふっき》。クラブ史上初《しじょうはつ》の優勝をはたしている。

「韓国《かんこく》史上最高《さいこう》の選手」、さらには、「アジア史上最高のDF」ともいわれるのが、ベルマーレ平塚《ひらつか》と柏《かしわ》レイソルでプレーした洪明甫《ホンミョンボ》。韓国代表としてW杯に4大会出場。韓国のK《ケー》リーグでも、Jリーグでもベストイレブンを受賞《じゅしょう》している。

レアル・マドリード

71 セルヒオ・ラモス

レアルとスペインを支《ささ》える「伝説《でんせつ》のキャプテン」

ヒーローの証《あかし》

- スペイン代表《だいひょう》史《し》上最速《じょうさいそく》の100試合《しあい》出場達成《たっせい》
- DF《ディフェンダー》ではリーグタイ記録《きろく》の13年連続得点《れんぞくとくてん》
- キャプテンとしてチャンピオンズリーグ制覇《せいは》2回

国籍《こくせき》

スペイン

生年月日

1986年3月30日

身長《しんちょう》・体重《たいじゅう》

183センチ・75キロ

能力《のうりょく》パラメータ

主《おも》な所属《しょぞく》チームと受賞歴《じゅしょうれき》	**チーム** セビージャ→レアル・マドリード（いずれもスペイン） **受賞** クラブW杯《ワールドカップ》MVP《エムブイピー》（2014年）、クラブW杯得点王《とくてんおう》（2014年）、W杯ベストイレブン（2010年）、世界《せかい》ベストイレブン（2008年、2011～2017年）

大舞台《おおぶたい》でのたのもしさと仲間《なかま》を思う熱《あつ》いハート

サイドバックでもセンターバックでも超一流《ちょういちりゅう》のプレーを見せるのが、レアル・マドリードのキャプテン、セルヒオ・ラモス。守備《しゅび》に関《かん》するどのプレーも一級品《いっきゅうひん》だが、相手《あいて》にとってさらに脅威《きょうい》なのが、その攻撃力《こうげきりょく》。大舞台《おおぶたい》でゴールを決《き》めることが多く、2014年のクラブW杯《ワールドカップ》ではDF《ディフェンダー》ながら大会得点王《とくてんおう》に。一発勝負《いっぱつしょうぶ》のチャンピオンズリーグ決勝《けっしょう》でも2大会連続《れんぞく》で得点《とくてん》を決めている。

また、仲間《なかま》思《おも》いなところも魅力《みりょく》のひとつ。かつてチームメートだった※アントニオ・プエルタが病気《びょうき》で亡《な》くなって以降《いこう》、代表《だいひょう》ではプエルタがつけていた背番号《せばんごう》15でプレーしている。

2010年南《みなみ》アフリカW杯で優勝《ゆうしょう》したときには、プエルタの顔写真《かおじゃしん》と「いつもいっしょに」という言葉《ことば》がプリントされたT《ティー》シャツを着《き》て勝利《しょうり》を祝《いわ》った。そんな彼《かれ》を、人は「伝説《でんせつ》のキャプテン」とよぶ。

伝説《でんせつ》リプレイ

W杯優勝《ワールドカップゆうしょう》だけでなく、ユーロで優勝したときにも、歓喜《かんき》の輪《わ》のなかにはプエルタの顔写真《かおじゃしん》があった。

ヒーロー伝説《でんせつ》延長戦《えんちょうせん》

DF《ディフェンダー》の選手《せんしゅ》ではリーグタイ記録《きろく》の13年連続得点《れんぞくとくてん》。また、2005－2006シーズンからの10年で、ヨーロッパ5大リーグのDFでもっとも得点を決《き》めたのもセルヒオ・ラモス。2016－2017シーズンには公式戦《こうしきせん》で10ゴールをあげている。

※アントニオ・プエルタ…2007年、試合中《しあいちゅう》に突然《とつぜん》たおれ、22歳《さい》の若《わか》さで亡《な》くなった選手《せんしゅ》。

バルセロナ

72 ジェラール・ピケ

うまれながらの「ミスター・バルセロナ」

ヒーローの証《あかし》

- スペイン代表《だいひょう》のレギュラーとして2010年W杯《ワールドカップ》優勝《ゆうしょう》と2012年ユーロ優勝に貢献《こうけん》
- ことなるクラブでチャンピオンズリーグ連覇《れんぱ》

国《こく》　籍《せき》
スペイン

生年月日
1987年2月2日

身長《しんちょう》・体重《たいじゅう》
194センチ・85キロ

能力《のうりょく》パラメータ

主《おも》な所属《しょぞく》チームと受賞歴《じゅしょうれき》	**チーム** マンチェスター・ユナイテッド（イングランド）→サラゴサ（スペイン）→バルセロナ（スペイン） **受賞** 世界ベストイレブン（2010～2012年、2016年）、リーガ・エスパニョーラベストイレブン（2015年）

守備《しゅび》でクラブを支《ささ》える バルセロナの屋台骨《やたいぼね》

名門バルセロナに愛着《あいちゃく》をもち、クラブに数多くの栄誉《えいよ》をもたらした「ミスター・バルセロナ」。それがジエラール・ピケだ。かつて祖父《そふ》が副《ふく》会長《かいちょう》をつとめたバルセロナの下部《かぶ》チームでサッカーを学び、2004年夏、17歳《さい》のとき、武者修業《むしゃしゅぎょう》としてイングランドのマンチェスター・ユナイテッドへ移籍《いせき》。サッカーの母国でさらに技術《ぎじゅつ》をみがき、守備的《しゅびてき》なポジションならどこでもこなせる選手《せんしゅ》に成長《せいちょう》。2007—2008シーズンには、チャンピオンズリーグ（CL）制覇《せいは》も経験《けいけん》した。

そして2008年夏、バルセロナにもどってくると、いきなりリーグ戦《せん》とカップ戦で優勝《ゆうしょう》。さらに、CL決勝《けっしょう》では古巣《ふるす》のマンチェスター・ユナイテッドにも勝利《しょうり》し、三冠《かん》の快挙《かいきょ》を達成《たっせい》。ピケは、ことなるクラブで2年連続《れんぞく》CL優勝をした、史上《しじょう》3人目の選手となった。

伝説《でんせつ》リプレイ

祖父《そふ》は副会長《ふくかいちょう》を20年つとめ、ピケはうまれたその日に、祖父の手でバルサ会員《かいいん》に登録《とうろく》された。

ヒーロー伝説《でんせつ》延長戦《えんちょうせん》

バルセロナ復帰後《ふっきご》の9シーズンで、リーグ優勝《ゆうしょう》6回、CL優勝3回と実績《じっせき》をかさねてきたピケ。そんな彼《かれ》の夢《ゆめ》はバルセロナの会長になること。「ミスター・バルセロナ」が本当の意味《いみ》でバルサの象徴《しょうちょう》になるのは、もう少し先の話だ。

ユベントス

73

ジョルジョ・キエッリーニ

一対《たい》一に強い
世界《せかい》屈指《くっし》の頭脳派《ずのうは》DF《ディフェンダー》

2010
2014

国《こく》籍《せき》

イタリア

生年月日

1984年8月14日

身長《しんちょう》・体重《たいじゅう》

187センチ・85キロ

能力《のうりょく》パラメータ

ヒーローの証《あかし》

- イタリア代表《だいひょう》として90試合《しあい》以上《いじょう》に出場
- セリアA《アー》6連覇中《れんぱちゅう》のユベントスの守備《しゅび》の砦《とりで》
- 名門トリノ大学卒業《そつぎょう》のインテリ選手《せんしゅ》

主《おも》な所属《しょぞく》チームと受賞歴《じゅしょうれき》	
チーム	リボルノ→ユベントス→フィオレンティーナ→ユベントス（すべてイタリア）
受賞	セリエA《アー》ベストイレブン（2013年、2015年、2016年）

敵《てき》FW《フォワード》にきらわれるクールな〝守備《しゅび》の鬼《おに》〟

運動量《うんどうりょう》が豊富《ほうふ》で、一対《たい》一の守備《しゅび》で圧倒的《あっとうてき》な強さを発揮《はっき》。かたい守《まも》りを誇《ほこ》るイタリア代表《だいひょう》で、長年にわたって活躍《かつやく》するのがジョルジョ・キエッリーニだ。所属《しょぞく》するイタリア・セリエA《アー》の強豪《きょうごう》、ユベントスでは守備《しゅび》のリーダーとして公式戦《こうしきせん》400試合《しあい》以《い》上《じょう》に出場。セリエA史上初《しじょうはつ》の6連覇《れんぱ》もなしとげている。

その守備の〝しつこさ〟を証明《しょうめい》したのが2014年W杯《ワールドカップ》のウルグアイ戦《せん》。マークについた相手《あいて》FW《フォワード》、ルイス・スアレスが、思うように攻《せ》められないイライラから、キエッリーニにかみついてきたのだ。だが、キエッリーニは試合後、「スアレスに対する復讐心《ふくしゅうしん》や怒《いか》りはまったくない。もう終《お》わったことだ」とコメント。クールな対応《たいおう》と評価《ひょうか》された。じつはイタリアの超名門《ちょうめいもん》、トリノ大学出《しゅっ》身《しん》。世界屈指《せかいくっし》の頭脳派《ずのうは》DF《ディフェンダー》が見せる、クールな守備は必見《ひっけん》だ。

伝説《でんせつ》リプレイ

セリエA《アー》では、大学卒業選手《そつぎょうせんしゅ》はとてもめずらしい。そのうえ、キエッリーニは卒業論文《ろんぶん》で満点《まんてん》だった。

ヒーロー伝説《でんせつ》延長戦《えんちょうせん》

子どものころはバスケ少年だったキエッリーニ。だが、背《せ》が思ったほど伸《の》びなかったため、バスケをあきらめた。そんな彼《かれ》の身長《しんちょう》は187センチ。十分高身長だが、バスケをあきらめたおかげで、サッカーの世界《せかい》で一流《いちりゅう》になれた。

AC《エーシー》ミラン

74

レオナルド・ボヌッチ

体も心も世《せ》界《かい》最《さい》高《こう》峰《ほう》の

武《ぶ》闘《とう》派《は》センターバック

国《こく》　籍《せき》

イタリア

生年月日

1987年5月1日

身長《しんちょう》・体重《たいじゅう》

190センチ・85キロ

能力《のうりょく》パラメータ

ヒーローの証《あかし》

- ユベントスに在籍《ざいせき》した7シーズンで優勝《ゆうしょう》6回
- イタリア代表《だいひょう》でW《ワールド》杯《カップ》とユーロに二度《ど》ずつ出場
- 2017年、世界《せかい》ベストイレブンを受賞《じゅしょう》

主《おも》な所属《しょぞく》チームと受賞歴《じゅしょうれき》	**チーム** インテル→トレビーゾ→ピサ→ジェノア→バーリ→ユベントス→AC《エーシー》ミラン（すべてイタリア） **受賞** セリエA《アー》 MVP《エムブイピー》（2016年）、世界《せかい》ベストイレブン（2017年）、セリエAベストイレブン（2015年、2016年）

拳銃《けんじゅう》だってへっちゃら おそれ知らずの戦《たたか》うDF《ディフェンダー》

相手《あいて》FW《フォワード》をはじきかえす身体能力《しんたいのうりょく》を武器《ぶき》に、イタリア代表《だいひょう》でもクラブでも、ディフェンスラインの中央《ちゅうおう》に君臨《くんりん》するのがレオナルド・ボヌッチだ。ユベントスに7シーズン在籍《ざいせき》して、リーグ優勝《ゆうしょう》が6回。2015―2016シーズンにはセリエA《アー》最優《さいゆう》秀選手賞《しゅうせんしゅしょう》も受賞《じゅしょう》した。

どんな相手にも負《ま》けない強い体と精神力《せいしんりょく》を象徴《しょうちょう》するのが、2012年のエピソード。家族《かぞく》で買《か》い物《もの》に出かけたところ、たまたま出くわした強《ごう》盗《とう》がボヌッチの頭に拳銃《けんじゅう》をつきつけたのだ。つけていた腕時計《うでどけい》をよこせという強盗に対《たい》し、ボヌッチは時計をわたすフリをして油断《ゆだん》させ、強烈《きょうれつ》なパンチをお見舞《みま》い。強盗は「正気か？ 撃《う》つぞ」といいながら逃走《とうそう》。ボヌッチは最後までひるまなかったという。拳銃でも逃《に》げないのだから、どんなシュートを打《う》たれても、こわくないのは当たり前!?

伝説《でんせつ》リプレイ

私生活《しせいかつ》では、病気《びょうき》にくるしむ息子《むすこ》の看病《かんびょう》に専念《せんねん》するため、引退《いんたい》も考えたほどのやさしいパパだ。

ヒーロー伝説《でんせつ》延長戦《えんちょうせん》

2016－2017シーズンに史上初《しじょうはつ》のセリエA《アー》6連覇《れんぱ》を達成《たっせい》しながら、翌《よく》シーズンにはユベントスのライバル、ミランに移籍《いせき》したボヌッチ。当然《とうぜん》、ユベントスファンからはブーイングの嵐《あらし》。だが、もちまえの強い心で平然《へいぜん》とプレーしている。

世界一《せかいいち》のかたい守《まも》り

イタリアのサッカー

ワールドサッカーストーリーズ

イタリア語で「青」を意味《いみ》する「アズーリ」とよばれるイタリア代表《だいひょう》。守備的《しゅびてき》な戦術《せんじゅつ》といわれる彼《かれ》らのサッカーは、どうやって世界《せかい》の頂点《ちょうてん》へとたどりつくことができたのか？

地元意識《いしき》の強さがうんだ伝統《でんとう》の守備戦術《しゅびせんじゅつ》「カテナチオ」

　イングランドからイタリアにサッカーのルールが伝《つた》わったのは1887年。だが、それよりもずっと前から、イタリアでは〝手や足を使《つか》ってボールをゴールに入れる競技《きょうぎ》〟が人気だった。その名は「カルチョ・ストーリコ」。イタリア人は、この競技こそがサッカーの原型《げんけい》だとして、いまも誇《ほこ》りをもって、サッカーのことを「カルチョ」とよんでいる。

　このカルチョに対《たい》するプライドとこだわりが、他国《たこく》とはことなる独自《どくじ》のサッカースタイルを築《きず》きあげることになった。その代表《だいひょう》が「カテナチ

オ」。イタリア語で「鍵《かぎ》をかける」という意味《いみ》で、かたい守《まも》りを誇るイタリアの代名詞《だいめいし》となっている。

もともと地元意識《いしき》が強いイタリアにおいて、都市対《としたい》都市の戦《たたか》いとして行われてきたカルチョ。そのため、大事《だいじ》なのは試合内容《しあいないよう》ではなく結果《けっか》。「派手《はで》な点の取《と》りあいよりも、１対０でいいからとにかく勝《か》つ」。それがイタリア人の根底《こんてい》にある考え方だ。そこから、自分たちのゴール前にＤＦ《ディフェンダー》がならんで守備《しゅび》ラインをつくり、そのうしろをスイーパーやリベロが左右に動《うご》きまわってカバー。最《さい》後《ご》の砦《とりで》としてＧＫ《ゴールキーパー》が待《ま》ちかまえ、ゴールに鍵をかける、というカテナチオがうみだされたのだ。

カテナチオを支《ささ》えた世界《せかい》に誇《ほこ》る守備職人《しゅびしょくにん》たち

そもそもは、ゴール前のぶ厚《あつ》い守《しゅ》備陣《びじん》を意味《いみ》したカテナチオ。やがて、相手《あいて》チームを研究《けんきゅう》し、チーム全体《ぜんたい》の高い守備意識《いしき》で０点におさえる、イタリア得意《とくい》の試合運《しあいはこ》びそのものがカテナチオとよばれるようになった。

その結果《けっか》、イタリアからは何人も名《めい》ＤＦ《ディフェンダー》や名《めい》ＧＫ《ゴールキーパー》が誕生《たんじょう》。史上最高《しじょうさいこう》の頭脳派《ずのうは》ＤＦとよばれるフランコ・バレージ。Ｗ杯《ワールドカップ》歴代最多《れきだいさいた》23試合《しあい》フル出場の記録《きろく》をもつパオロ・マルディーニ。２００６年Ｗ杯で優勝《ゆうしょう》したＤＦのファビオ・カンナバロやＧＫのジャンルイジ・ブッフォンなどだ。

W杯《ワールドカップ》での戦績《せんせき》

過去《かこ》10大会《たいかい》

1978年	アルゼンチン大会	4位《い》
1982年	スペイン大会	優勝《ゆうしょう》
1986年	メキシコ大会	ベスト16
1990年	イタリア大会	3位《い》
1994年	アメリカ大会	準優勝《じゅんゆうしょう》
1998年	フランス大会	ベスト8
2002年	日本・韓国《かんこく》大会	ベスト16
2006年	ドイツ大会	優勝《ゆうしょう》
2010年	南《みなみ》アフリカ大会	グループリーグ敗退《はいたい》
2014年	ブラジル大会	グループリーグ敗退《はいたい》

歴代通算《れきだいつうさん》

本戦出場	18回	優勝	4回	準優勝	2回

最近《さいきん》の基本《きほん》フォーメーション
〔4-4-2〕

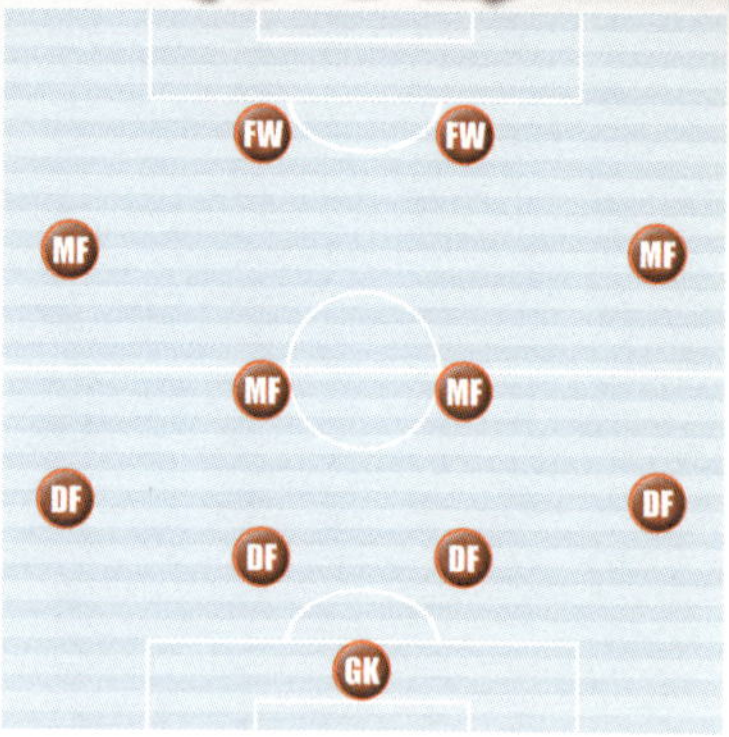

いまではスイーパーやリベロを起用《きよう》することはないが、全員《ぜんいん》の高い守備意識《しゅびいしき》で相手《あいて》に得点《とくてん》をゆるさない。

世界《せかい》を制《せい》するために必要《ひつよう》な創造的《そうぞうてき》な「ファンタジスタ」

かたい守備《しゅび》が売りのイタリアだが、守《まも》っているだけでは試合《しあい》に勝《か》つこともできない。W杯《ワールドカップ》では、1位《い》ブラジルの5回につづく、史上《しじょう》2位タイの優勝《ゆうしょう》4回を誇《ほこ》るイタリア。当《とう》然《ぜん》、点を取《と》る方法《ほうほう》ももっている。それが、「守って守ってカウンター」だ。そこで重要《じゅうよう》になるのが、創造的《そうぞうてき》なプレーで少人数でも相手《あいて》DF《ディフェンダー》を攻略《こうりゃく》することができる「ファンタジスタ」の存在《そんざい》。ロベルト・バッジョやアレッサンドロ・デル・ピエロ、フランチェスコ・トッティといった背番号《せばんごう》10番の選手《せんしゅ》たちだ。彼《かれ》らのひらめき

世界一《せかいいち》のかたい守《まも》り

イタリアのサッカー

と一瞬《いっしゅん》の判断力《はんだんりょく》が、イタリアの強さと魅力《みりょく》の理由《りゆう》でもあるのだ。

セリアA《アー》の南北問題《もんだい》と革命《かくめい》をおこした「ナポリの王」

「アズーリ」とよばれる代表《だいひょう》だけでなく、国内リーグ「セリエA《アー》」もレベルが高い。とくに1990年代は世界中《せかいじゅう》からスター選手《せんしゅ》が集《あつ》まるリーグとして黄金期《おうごんき》をむかえた。

長靴《ながぐつ》の形にたとえられ、南北に長いイタリア半島だが、セリエA《アー》の強《きょう》豪《ごう》クラブは、ほとんどがイタリア北《ほく》部《ぶ》に集中《しゅうちゅう》している。その理由《りゆう》は、農《のう》業《ぎょう》が中心の南部にくらべて、工業地《こうぎょうち》帯《たい》がある北部のほうが経済的《けいざいてき》に発展《はってん》しているから。世界のファッションの中心地であるミラノではAC《エーシー》ミランとインテルがはげしいライバルあらそいを演《えん》じ、自動車製造《じどうしゃせいぞう》がさかんなトリノには、セリエA最多優勝《さいたゆうしょう》回数を誇《ほこ》るユベントスがある。

1898年にはじまり、世界的に見ても古い歴史《れきし》をもつセリエAだが、過去《かこ》、優勝《ゆうしょう》したことがある南部のクラブはナポリだけ。その奇跡《きせき》の優勝をもたらした人物《じんぶつ》が、アルゼンチンの英雄《えいゆう》、ディエゴ・マラドーナだ。イタリア人を祖先《そせん》にもつマラドーナは、守備的《しゅびてき》なセリエAでも存在感《そんざいかん》を発揮《はっき》し、「ナポリの王」として君《くん》臨《りん》。北部での試合《しあい》では、はげしいブーイングにさらされながらも、ナポリを二度《ど》も優勝にみちびいたのだ。

ユベントス

75

ジャンルイジ・ブッフォン

イタリアを守護《しゅご》する「カテナチオ」最後《さいご》の砦《とりで》

国《こく》　籍《せき》

イタリア

生年月日

1978年1月28日

身長《しんちょう》・体重《たいじゅう》

191センチ・94キロ

能力《のうりょく》パラメータ

ヒーローの証《あかし》

- イタリア代表《だいひょう》のGK《ゴールキーパー》に20年間君臨《くんりん》
- 史上《しじょう》3人目の5大会連続《れんぞく》W杯《ワールドカップ》メンバー入り
- セリエA《アー》史上初《しじょうはつ》のGK《ゴールキーパー》での年間MVP

主《おも》な所属《しょぞく》チームと受賞歴《じゅしょうれき》

チーム パルマ→ユベントス（いずれもイタリア） **受賞** チャンピオンズリーグMVP《エムブイピー》（2003年）、セリエA《アー》年間MVP（2017年）、世界《せかい》ベストイレブン（2006年、2007年、2017年）、セリエAベストイレブン（2012年、2014～2016年）

すべての守備的才能《しゅびてきさいのう》をあわせもつGK《ゴールキーパー》の完成形《かんせいけい》

シュートへの反応速度《はんのうそくど》、ハイボールへの対応力《たいおうりょく》、一対一での強さ、DF《ディフェンダー》をまとめる力などなど、GK《ゴールキーパー》に必要《ひつよう》とされるあらゆる能力《のうりょく》にすぐれ、「サッカー史上最高《しじょうさいこう》のGK」とよばれるのが、ジャンルイジ・ブッフォンだ。

2001年夏、当時の金額《きんがく》で約《やく》56億円《おくえん》という、GKとしては異例《いれい》の高額でユベントスに移籍《いせき》。大きな期待《きたい》と重圧《じゅうあつ》のなか、ブッフォンはこの年からリーグ連覇《れんぱ》を達成《たっせい》。2003年のチャンピオンズリーグ決勝《けっしょう》では試《し》合《あい》に負《ま》けたにもかかわらず、GK史上初《はつ》となるMVP《エムブイピー》を受賞《じゅしょう》。2016—2017シーズンには39歳《さい》にして、これまたGK史上初のセリエA《アー》年間MVPを受賞《じゅしょう》。世界《せかい》ベストイレブンにも三度《ど》かがやいている。もちろん、代表《だいひょう》でも長年にわたって活《かつ》躍《やく》。イタリア鉄壁守備陣《てっぺきしゅびじん》、「カテナチオ」の最後尾《さいこうび》を20年間支配《しはい》した。

伝説《でんせつ》リプレイ

史上初《しじょうはつ》のチャンピオンズリーグ6試合連続完封《しあいれんぞくかんぷう》、セリエA《アー》974分間無失点《むしってん》など、無失点記録《きろく》も数多い。

ヒーロー伝説《でんせつ》延長戦《えんちょうせん》

父は砲丸投《ほうがんな》げ、母は円盤《えんばん》投げ、ふたりの姉はともにバレーボールで、家族全《かぞくぜん》員《いん》イタリア代表《だいひょう》というスポーツ一家にそだったブッフォン。彼《かれ》もまたイタリア代表でW杯優勝《ワールドカップゆうしょう》など数多くの実績《じっせき》を残《のこ》し、2017年、代表引退《いんたい》を表明した。

バイエルン・ミュンヘン

76

マヌエル・ノイアー

キーパー像《ぞう》を新しくする
新《しん》世《せ》代《だい》型《がた》GK《ゴールキーパー》

国籍《こく せき》
ドイツ

生年月日
1986年3月27日

身長《しんちょう》・体重《たいじゅう》
193センチ・92キロ

能力《のうりょく》パラメータ

ヒーローの証《あかし》

- バイエルン・ミュンヘンでリーグ５連覇《れんぱ》
- ブラジルＷ杯《ワールドカップ》優勝《ゆうしょう》＆《アンド》最優秀《さいゆうしゅう》ＧＫ《ゴールキーパー》を獲得《かくとく》
- 世界《せかい》ベストイレブンに４回選出《せんしゅつ》

主《おも》な所属《しょぞく》チームと受賞歴《じゅしょうれき》	**チーム** シャルケ→バイエルン・ミュンヘン（いずれもドイツ） **受賞** ドイツ年間MVP《エムブイピー》（2011年、2014年）、W《ワールド》杯《カップ》ベストイレブン（2014年）、世界《せかい》ベストイレブン（2013～2016年）

積極的《せっきょくてき》に前へ前へ 枠《わく》をはみだす超攻撃的《ちょうこうげきてき》GK《ゴールキーパー》

超人的《ちょうじんてき》な反射神経《はんしゃしんけい》でスーパーセーブを連発《れんぱつ》し、「いまもっともすぐれたGK《ゴールキーパー》」といわれているのがドイツ代表《だいひょう》のマヌエル・ノイアーだ。

バイエルン・ミュンヘンでのリーグ5連覇《れんぱ》もすばらしい記録《きろく》だが、世《せ》界《かい》にさらに大きな衝撃《しょうげき》をあたえたのが2014年、優勝《ゆうしょう》したブラジルW《ワールド》杯《カップ》でのプレーだ。

全《ぜん》7試合《しあい》で、ゆるした失点《しってん》はわずかに4。完封《かんぷう》が4試合。この安定《あんてい》した守備《しゅび》にくわえて、ノイアーは「より前へ」の意識《いしき》で何度《なんど》もペナルティエリアの外まで出てボールをクリアし、さらにはパス交換《こうかん》にも積極的《せっきょくてき》に参加《さんか》。大会を通じてのパスの成功数《せいこうすう》244本は、W杯に出場した全選手《ぜんせんしゅ》のなかでなんと26位《い》。そのプレースタイルは「攻撃もできるオフェンシブGK」とも、「リベロ型《がた》GK」ともよばれ、新しいGKのあり方をしめした、と高く評価《ひょうか》された。

伝説《でんせつ》リプレイ

2017年、フランスのフットボール誌《し》による投票《とうひょう》では、ノイアーが世界最高《せかいさいこう》のGK《ゴールキーパー》にえらばれている。

ヒーロー伝説《でんせつ》延長戦《えんちょうせん》

ドイツのシャルケでプレーしていたころ、チームメートだった※内田篤人《うちだあつと》とは偶《ぐう》然《ぜん》にも誕生日《たんじょうび》がいっしょ。2011年の東日本大震災《ひがしにほんだいしんさい》の翌日《よくじつ》、ドイツから日本へのメッセージをおくろうか迷《まよ》っていた内田の背中《せなか》を押《お》したのがノイアーだった。

※内田篤人《うちだあつと》…W杯《ワールドカップ》で二度《ど》メンバー入りした、日本を代表《だいひょう》する右サイドバック。

ポルト

記録《きろく》をぬりかえつづける スペインの"生《い》ける"伝説《でんせつ》

77

イケル・カシージャス

国《こく》籍《せき》

スペイン

生年月日

1981年5月20日

身長《しんちょう》・体重《たいじゅう》

185センチ・70キロ

能力《のうりょく》パラメータ

ヒーローの証《あかし》

- スペイン代表《だいひょう》ＧＫ《ゴールキーパー》の座《ざ》に１５年以上《いじょう》君臨《くんりん》
- チャンピオンズリーグ勝利《しょうり》数《すう》歴代《れきだい》１位《い》
- 世界《せかい》ベストイレブンにＧＫ《ゴールキーパー》史上《しじょう》最多《さいた》の五度《ど》選出《せんしゅつ》

主《おも》な所属《しょぞく》チームと受賞歴《じゅしょうれき》	**チーム** レアル・マドリード（スペイン）→ポルト（ポルトガル） **受賞** W杯最優秀GK《ワールドカップさいゆうしゅうゴールキーパー》（2010年）、サモラ賞《しょう》（2008年）、世界《せかい》ベストイレブン（2008～2012年）

失点《しってん》〝0〟で積《つ》みあげたいくつもの歴代《れきだい》〝1〟位《い》

長年にわたってスペイン代表《だいひょう》のゴールを守《まも》りつづけたイケル・カシージャス。イタリアの守護神《しゅごしん》、ジャンルイジ・ブッフォンとともに、「世《せ》界最高《かいさいこう》のＧＫ《ゴールキーパー》」とよばれつづける選《せん》手《しゅ》だ。

世界トップクラスの反射神経《はんしゃしんけい》のよさを武器《ぶき》に、スペインのレアル・マドリードとポルトガルのポルトで守護神として活躍《かつやく》。チャンピオンズリーグで積《つ》みかさねた勝利数《しょうりすう》「92」は歴代《れきだい》1位《い》。19歳《さい》からスペイン代表《だいひょう》にえらばれつづけ、２０１０年南《みなみ》アフリカW杯《ワールドカップ》では優勝&《ゆうしょうアンド》大会最優秀《さいゆうしゅう》ＧＫに。２０１６年、代表通算試合数《しあいすう》を「１６７」にのばし、ヨーロッパ全《ぜん》代表のなかで歴代最多記録《きろく》を更新《こうしん》。そのうち、完封《かんぷう》が１００試合以上《いじょう》。代表戦における※無失点《むしってん》時間記録の１位から4位までをカシージャスが独《どく》占《せん》している。まさに「ミスター完封」にして、「生《い》ける伝説《でんせつ》」なのだ。

伝説《でんせつ》リプレイ

代表無失点時間記録《だいひょうむしってんじかんきろく》の１位《い》は814分。ほぼ９試合分《しあいぶん》無失点をつづけたことになる。スペインが強いわけだ。

ヒーロー伝説《でんせつ》延長戦《えんちょうせん》

サッカーに関《かん》する記録《きろく》をまとめる国際《こくさい》サッカー歴史統計連盟《れきしとうけいれんめい》が発表《はっぴょう》した「21世《せい》紀《き》のベストGK《ゴールキーパー》」では、１位《い》ブッフォンで、２位カシージャス。ただ、その差《さ》はわずか２ポイント。２位と３位の差は40ポイント以上《いじょう》。ふたりは別格《べっかく》なのだ。

※無失点《むしってん》時間…延長戦《えんちょうせん》やロスタイムのない1試合《しあい》を守《まも》りきれば90分、次《つぎ》の試合でも無失点なら180分と計算する。

マンチェスター・ユナイテッド

78 ダビド・デヘア

2014

ゴール前のクモ男

長らくスペイン代表《だいひょう》のゴールを守《まも》りつづけたカシージャスから正GK《せいゴールキーパー》の座《ざ》を受《う》けついだのがダビド・デヘアだ。驚《きょう》異《い》的《てき》な反《はん》射《しゃ》神経《しんけい》のよさにくわえて、まるでクモのような長い手足を目《め》一《いっ》杯《ぱい》伸《の》ばし、代表でもマンチェスター・ユナイテッドでも、スーパーセーブを連発《れんぱつ》。1試合《しあい》14セーブという、プレミアリーグ1位《い》タイ記録《きろく》ももっている。

主《おも》な所属《しょぞく》チームと受賞歴《じゅしょうれき》	チーム アトレティコ・マドリード（スペイン）→マンチェスター・ユナイテッド（イングランド）
	受賞 プレミアリーグベストイレブン（2013年、2015～2017年）

国籍《こくせき》

スペイン

生年月日

1990年11月7日

身長《しんちょう》・体重《たいじゅう》

192センチ・76キロ

能力《のうりょく》パラメータ

レアル・マドリード

79 ケイロル・ナバス

チャンピオンズリーグ連覇《れんぱ》の立役者《たてやくしゃ》

2014

大舞台《おおぶたい》で神《かみ》セーブ

今世紀《こんせいき》、ずっとレアル・マドリードの守護神《しゅごしん》だったカシージャスにかわって正GK《せいゴールキーパー》になったのがケイロル・ナバスだ。レギュラーになった2015―2016シーズン、「チャンピオンズリーグデビューから6試合連《しあいれん》続無失点《ぞくむしってん》」という新記録《しんきろく》を達成《たっせい》。その後も大舞台《おおぶたい》で神《かみ》がかったセーブを連発《れんぱつ》し、チャンピオンズリーグ連覇《れんぱ》に貢献《こうけん》している。

国籍《こくせき》
コスタリカ
生年月日
1986年12月15
身長《しんちょう》・体重《たいじゅう》
185センチ・78キロ

能力《のうりょく》パラメータ

主《おも》な所属《しょぞく》チームと受賞歴《じゅしょうれき》	チーム デポルティーボ・サプリサ（コスタリカ）→アルバセテ（スペイン）→レバンテ（スペイン）→レアル・マドリード（スペイン）

チェルシー

80 ティボウ・クルトワ

ふたつのリーグで優勝《ゆうしょう》GK《ゴールキーパー》になった男

国《こく》籍《せき》

ベルギー

生年月日

1992年5月11日

身長《しんちょう》・体重《たいじゅう》

199センチ・94キロ

能力《のうりょく》パラメータ

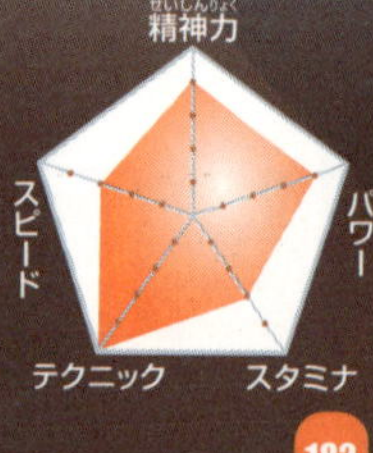

ミスター無《む》失点《しってん》

リーガ・エスパニョーラで最《さい》小失点《しょうしってん》のGK《ゴールキーパー》にあたえられるサモラ賞《しょう》を2シーズン連続《れんぞく》で獲得《かくとく》したのがクルトワだ。2013—2014シーズンにアトレティコ・マドリードを18年ぶりのリーグ優勝《ゆうしょう》にみちびくと、その後、チェルシーでも2016—2017シーズン、プレミアリーグ1位《い》の16試合《しあい》無失点《むしってん》を記録《きろく》し、リーグ制覇《せいは》を達成《たっせい》した。

主《おも》な所属《しょぞく》チームと受賞歴《じゅしょうれき》	
チーム	ヘンク（ベルギー）→アトレティコ・マドリード（スペイン）→チェルシー（イングランド）
受賞	サモラ賞《しょう》（2013年、2014年）

81

ヤン・オブラク

アトレティコを守《まも》る最後《さいご》の砦《とりで》

国籍《こくせき》

スロベニア

生年月日

1993年1月7日

身長《しんちょう》・体重《たいじゅう》

189センチ・84キロ

能力《のうりょく》パラメータ

“守《まも》りのチーム”の要《かなめ》

攻撃的《こうげきてき》なリーガ・エスパニョーラにおいて、かたい守《まも》りが自《じ》慢《まん》のアトレティコ・マドリード。その最後《さいご》の砦《とりで》がヤン・オブラクだ。2015—2016シーズンは24試合《しあい》を無失点《むしってん》におさえ、1試合あたりの平均失点《へいきんしってん》0・47は、リーグ最少記録《さいしょうきろく》。翌《よく》シーズンの平均失点0・72もリーグ最少記録で、サモラ賞《しょう》を2シーズン連続《れんぞく》で受賞《じゅしょう》した。

主《おも》な所属《しょぞく》チームと受賞歴《じゅしょうれき》

チーム オリンピア・リュブリャナ（スロベニア）→ベイラ・マル（ポルトガル）→オリャネンセ（ポルトガル）→ウニオン・レイリア（ポルトガル）→リオ・アベ（ポルトガル）→ベンフィカ（ポルトガル）→アトレティコ・マドリード（スペイン）　**受 賞** サモラ賞《しょう》（2016年、2017年）

アーセナル

プレミアリーグでも大活躍《だいかつやく》の
チェコ史上最強GK《しじょうさいきょうゴールキーパー》

2006

82 ペトル・チェフ

国籍《こくせき》
チェコ

生年月日
1982年5月20日

身長《しんちょう》・体重《たいじゅう》
196センチ・90キロ

能力《のうりょく》パラメータ

ヒーローの証《あかし》

- プレミアリーグ最優秀《さいゆうしゅう》GK《ゴールキーパー》賞《しょう》を４回受賞《じゅしょう》
- チェコ最優秀選手賞《さいゆうしゅうせんしゅしょう》を史上《しじょう》最多９回受賞
- チェコ歴代最多《れきだいさいた》の124試合《しあい》に出場した英雄《えいゆう》

主《おも》な所属《しょぞく》チームと受賞歴《じゅしょうれき》	チーム フメル・ブルシャニ（チェコ）→スパルタ・プラハ（チェコ）→スタッド・レンヌ（フランス）→チェルシー（イングランド）→アーセナル（イングランド） 受賞 チェコ年間MVP《エムブイピー》（2005年、2008～2013年、2015年、2016年）、プレミアリーグベストイレブン（2005年、2014年）

ヘッドギアは勇気《ゆうき》の印《しるし》 安定感《あんていかん》ナンバーワンGK《ゴールキーパー》

高い安定感《あんていかん》とつねに冷静《れいせい》なプレーができる集中力《しゅうちゅうりょく》から、「世界最高《せかいさいこう》のGK《ゴールキーパー》のひとり」とよばれているのが、プレミアリーグのふたつの強豪《きょうごう》クラブ、チェルシーとアーセナルで守《しゅ》護《ご》神《しん》として活躍《かつやく》してきたペトル・チェフだ。チェルシー時代《じだい》にはリーグ優《ゆう》勝《しょう》4回、チャンピオンズリーグ優勝1回など数多くの栄光《えいこう》をチームにもたらし、プレミアリーグ最優秀《さいゆうしゅう》GK賞《しょう》も四度《ど》受賞《じゅしょう》した。

そんなチェフに選手生命《せんしゅせいめい》の危機《きき》がおとずれたのが2006年10月。試《し》合中《あいちゅう》に相手《あいて》選手とはげしくぶつかり、頭蓋骨《ずがいこつ》を骨折《こっせつ》してしまったのだ。長期間《ちょうきかん》の休養《きゅうよう》が予想《よそう》されるなか、チェフはわずか3か月で試合に復帰《ふっき》。それ以来《いらい》、万が一にそなえてつけるようになったラグビー用のヘッドギアがトレードマークに。復帰後も、以前《いぜん》とかわらない高いレベルのプレーを見せている。

伝説《でんせつ》リプレイ

2012年のチャンピオンズリーグ決勝《けっしょう》ではPK《ピーケー》を何《なん》度《ど》もとめるスーパーセーブで優勝《ゆうしょう》の立役者《たてやくしゃ》になった。

ヒーロー伝説《でんせつ》延長戦《えんちょうせん》

チェコ代表《だいひょう》からは引退《いんたい》を表明しているが、チェコ史上最多《しじょうさいた》の124試合《しあい》に出場し、ユーロ2004でのベスト4進出《しんしゅつ》や2006年W杯《ワールドカップ》出場など、チェコサッカー史に残《のこ》る活躍《かつやく》ぶり。チェコ年間最優秀選手《さいゆうしゅうせんしゅ》にも最多の9回えらばれている。

プレーしなくても規格外《きかくがい》!?

ヒーローたちの衝撃事件簿《しょうげきじけんぼ》

ワールドサッカーストーリーズ

“一流《いちりゅう》”と“超一流《ちょういちりゅう》”をわけるもの。それは、ボールをもたずとも、自然《しぜん》と注目《ちゅうもく》を集《あつ》めてしまうことだ。そこで、プレー以外《いがい》でも世間《せけん》の話題《わだい》を集めた、5人の超一流を紹介《しょうかい》する。

手術《しゅじゅつ》するだけでニュースな男 神《かみ》も悩《なや》ます〝ママドーナ〟

「神《かみ》の子」とよばれたマラドーナ。プレー以外《いがい》では、トラブルの多さで神《かみ》を悩《なや》ませている。１９９４年のW《ワールド》杯《カップ》では、試合《しあい》でゴールを決《き》めた直後の検査《けんさ》で薬物使用《やくぶつしよう》が判明《はんめい》。すぐに大会追放処分《ついほうしょぶん》となり、そのまま代表引《だいひょういん》退《たい》。世界《せかい》のファンを悲《かな》しませた。

引退後、太りすぎが話題《わだい》になると、胃《い》を小さくする手術《しゅじゅつ》を受《う》け、「数か月で50キロの減量成功《げんりょうせいこう》！」とニュースに。２０１５年には顔の整形《せいけい》手術を受けたのか、女性的《じょせいてき》な顔でメディアに登場《とうじょう》。「ママドーナ」なる異名《いみょう》でよばれた。神も赤面《せきめん》していそうだ。

悲劇《ひげき》をのりこえ、成長《せいちょう》したイングランド史上最高《しじょうさいこう》の選手《せんしゅ》

１９５８年、マンチェスター・ユナイテッドの選手《せんしゅ》たちをのせた飛行機《ひこうき》がミュンヘン空港《くうこう》で墜落《ついらく》。「ミュンヘンの悲劇《ひげき》」とよばれるこの大事故《だいじこ》で、クラブは主力《しゅりょく》の大半をうしない、存続《そんぞく》も危《あや》ぶまれた。この事故から、奇跡的《きせきてき》に生還《せいかん》したのが、のちにイングランド史上最高《しじょうさいこう》の選手とよばれるボビー・チャールトン。精神的《せいしんてき》なショックでボールを蹴《け》ることもできない状態《じょうたい》から見事《みごと》に立ちなおり、２か月後にはイングランド代表《だいひょう》デビュー。ユナイテッドを強豪《きょうごう》クラブへと再生《さいせい》し、チャールトンは英雄《えいゆう》になった。

なさけない理由《りゆう》で骨折《こっせつ》したイングランド史上最高《しじょうさいこう》の選手《せんしゅ》

チャールトンとともに、「イングランド史上最高《しじょうさいこう》の選手《せんしゅ》のひとり」といわれているのが、１９８０年代《だい》後半から１９９０年代に、すぐれたドリブルとパスで活躍《かつやく》したポール・ガスコイン。だが、そのプレー以上《いじょう》に、お酒《さけ》の飲《の》みすぎや暴力行為《ぼうりょくこうい》など、トラブルが多いことでも有名《ゆうめい》だった。ある試合《しあい》ではマークについた相手《あいて》ＤＦ《ディフェンダー》にイライラするあまり、審判《しんぱん》に見えないように、そのＤＦにヒジ打《う》ちをお見舞《みま》い。だが、なぜか折《お》れたのはガスコインのヒジの骨《ほね》。泣《な》きながら担架《たんか》ではこばれ、退場《たいじょう》となった。

8億円《おくえん》か、W杯《ワールドカップ》出場か…!? 誘拐犯《ゆうかいはん》とかけひきをした男

1994年、ブラジル代表《だいひょう》の絶対《ぜったい》的《てき》ストライカー、ロマーリオの父親が誘拐《ゆうかい》された。犯人《はんにん》は8億円《おくえん》の身代《みのしろ》金《きん》を要求《ようきゅう》。こまったロマーリオはテレビを通じて「父親をかえさなければ（開催《かいさい》間近の）W杯《ワールドカップ》に出場しない」と犯人に逆要求《ぎゃくようきゅう》した。犯人にとっては8億円よりもW杯でのブラジルの活躍《かつやく》が大事《だいじ》だったようで、この逆要求のすぐあと、父親は無事《ぶじ》に解放《かいほう》。これで安心《あんしん》したのか、ロマーリオはW杯で5得点《とくてん》の活躍。ブラジルを優《ゆう》勝《しょう》にみちびき、大会MVP《エムブイピー》にもえらばれた。犯人も喜《よろこ》んだだろうか？

プレー中におしっこもれそう そのとき、君《きみ》ならどうする？

ロマーリオのあと、ブラジル代表《だいひょう》のエースストライカーとなったのが、のちに「怪物《かいぶつ》」とよばれるロナウド。彼《かれ》がまだ19歳《さい》だった1996年、アトランタオリンピックで事件《じけん》はおきた。ハンガリーとの試合《しあい》後半、おしっこがもれそうになってしまったのだ。こまったロナウドは、ハンガリーが得点《とくてん》を決《き》めて試合が中断《ちゅうだん》する間に、グラウンドに座《すわ》りこんでボールで股間《こかん》をかくし、グラウンドにおしっこをしてしまった。世界《せかい》が注目《ちゅうもく》する大舞台《おおぶたい》でこんなことができるハートの強さは、さすが怪物クラス!?

おわりに

世界《せかい》の大舞台《おおぶたい》で活躍《かつやく》するサッカーヒーローたちの勇姿《ゆうし》はいかがだっただろうか？　ヒーローの数だけ感動《かんどう》と伝説《でんせつ》がうまれることがわかったはずだ。ヒーローたちは、苦《くる》しいときも困難《こんなん》に立ちむかい世界の頂点《ちょうてん》にたどりついた。そして、国やクラブの誇《ほこ》りを背負《せお》って、毎日《まいにち》、ライバルと戦《たたか》いつづけ、ファンを熱狂《ねっきょう》させてきた。彼《かれ》らのエピソードを読んで、胸《むね》が熱《あつ》くなったら、次《つぎ》はキミたちの番だ。サッカーでもいい、ほかのスポーツでもいい、勉強《べんきょう》でもいい。自分の目標《もくひょう》をめざしてがんばろう。いつだって彼らが応援《おうえん》しているぞ。

主な参考文献

書籍

『世界サッカー紀行』後藤健生／文春文庫、『世界のサッカー大辞典』成美堂出版、『親子で学ぶサッカー世界図鑑』サッカー新聞エル・ゴラッソ編集部／スクワッド、『サッカーパーフェクト図鑑』大熊廣明監／ポプラ社、『サッカーの大常識』田嶋幸三監／ポプラ社

雑誌

『Sports Graphic Number』文藝春秋、『ワールドサッカーダイジェスト』日本スポーツ企画出版社

WEB サイト

サッカーダイジェスト WEB、サッカーキング、フットボールチャンネル、Goal.com、Number Web、朝日新聞デジタル、時事ドットコム、ニッカンスポーツ、スポニチ Sponichi Annex

人名さくいん

この本に出てくる選手《せんしゅ》や元選手、監督《かんとく》たちの名前を、五十音順《じゅん》にならべています。細字は、コラムやほかの選手の記事《きじ》のなかで紹介《しょうかい》している人物《じんぶつ》です。

ア 行

カ 行

サ 行

タ 行

編者　オグマナオト

ライター・構成作家。スポーツにまつわる雑学や伝説を採集し、コラムや書籍として執筆。ラジオやテレビのスポーツ番組にも構成作家として参加している。主な著書に、『爆笑！感動！スポーツ伝説超百科』、『仰天！感動！サッカーヒーロー超百科 日本編』（いずれもポプラ社）、『甲子園スーパースター列伝』（集英社みらい文庫）など。
Twitter：@oguman1977

編集／執筆協力　山本貴政（ヤマモトカウンシル）
表紙・本文イラスト　アカハナドラゴン
写真　アマナイメージズ
デザイン　岩田里香
デザイン協力　葛宮聖子

これマジ？　ひみつの超百科⑬
豪快！最強！ サッカーヒーロー超百科 世界編

発　行　2018年2月　第1刷
　　　　2018年9月　第4刷

編　者　オグマナオト＆サッカーヒーロー研究会
発行者　長谷川 均
編　集　勝屋 圭
発行所　株式会社ポプラ社
〒160-8565　東京都新宿区大京町 22-1
電話 03-3357-2216（編集）03-3357-2212（営業）
ホームページ www.poplar.co.jp

印刷・製本　中央精版印刷株式会社

ISBN978-4-591-15713-8　N.D.C.780　191P　18cm

P6029013